Werner Kaiser

Ist es naiv, an eine andere Politik zu glauben?

© 2019 Werner Kaiser

Verlag und Druck: tredition GmbH, Halenreie 40-44, 22359 Hamburg

Bild Umschlag vorne: wamito, WikiCommons
Bild Umschlag hinten: Dora Kaiser
Lektorat: Gary Zemp
Korrektorat: Peter Kaiser

Paperback: 978-3-7497-2151-1
e-Book: 978-3-7497-2153-5

Bibliografische Information der Deutschen Nationalbibliothek: Die Deutsche Nationalbibliothek verzeichnet diese Publikation in der Deutschen Nationalbibliografie; detaillierte bibliografische Daten sind im Internet über http:// dnb.d-nb.de abrufbar.

Inhalt

- Wie demokratisch ist die Demokratie?
- Hat das Volk immer recht?
- Die Mathematik der Demokratie
- Vegan ist „in"
- Von der Lust, Feinde zu haben
- Lebensqualität statt Wachstum
- Terror – die Gewalt der Schwachen
- Das Klima und eine politfreudige Generation
- Die knifflige Frage nach dem Eigentum
- Flüchtlinge und die Angst vor dem Fremden
- Die Scham, ein Gutmensch zu sein
- Ist es naiv, an eine andere Politik zu glauben?

Wohin geht die Reise?

Es sieht bedenklich aus

Wenn Sie heute verzweifeln, tun Sie es nicht ohne Grund. Trotz 500 Jahren Aufklärung, trotz 2000 Jahren Christentum gibt es immer noch weltweit etwa 25 grössere Kriege. Dies ist völliger Irrsinn, denn ausser der Waffenindustrie gibt es keine Sieger mehr. Gemäss Amnesty International wird trotz Anti-Folter-Konvention immer noch in vielen Staaten gefoltert. Die Flüchtlingsnot ist unüberschaubar. Auch in unsern Ländern öffnet sich die Armutsschere weiter. Die Klimaerwärmung hat verheerende Folgen. Gerade die ärmsten Länder leiden am meisten darunter.

Das alles lässt uns wenig an Fortschritt denken. Es sieht danach aus, als wären wir destruktiver und brutaler als die Menschen früherer Zeiten. Viele von uns sind dementsprechend auch wenig zuversichtlich. Wir lenken uns ab durch Vergnügen oder Arbeitswut, oder wir resignieren.

Vieles ist besser geworden

Doch auch wenn Sie zuversichtlich in die Zukunft schauen, haben Sie gute Gründe. Die „Milleniums-Ziele" der UNO sind weitgehend erfüllt. Um nur ein paar Beispiele zu nennen: Mehr als eine Milliarde Menschen wurden aus extremer Armut befreit, der Hunger wurde reduziert, mehr Mädchen als je zuvor besuchten die Schule.[1]

Sämtliche Länder haben die „Agenda 2030" unterschrieben: Sie haben sich siebzehn grossgesteckte Ziele für eine nachhaltige Entwicklung vorgenommen.[2] Auch wenn vieles davon nicht voll umgesetzt wird – das Ringen um eine Welt, in der alle leben können, ist unbestreitbar.

Guido Mingels schreibt in seinem Buch „*Früher war alles schlechter*": „*Die absolute Armut ging in den letzten hundert Jahren von neunzig auf vierzehn Prozent zurück, die globale Gesundheit verbesserte sich, die Kindersterblichkeit sank fast überall, der Wohlstand nahm fast überall zu, vier von fünf Menschen können lesen und schreiben, Kriegstote und Mordraten sanken, Krankheiten wurden ausgerottet, der Wald ist gewachsen, der Hunger wurde reduziert, die Arbeitszeit ist kürzer geworden, es gab weniger Kinderarbeit, Schweizer trinken weniger, rauchen weniger, haben weniger Strassentote*"[3].

Zudem können wir eine ausgeprägte Verfeinerung der Sensibilität feststellen. War es früher üblich, Kinder hart zu schlagen, wird das heute weitgehend abgelehnt oder sogar verboten. Tiere wurden wie Ware behandelt, heute setzen sich Tierschutz und Gesetze gegen die Misshandlung ein. Nur wo Profitgier oder Machtansprüche vorwiegen, bleibt Grausamkeit bestehen.

Wir haben Tendenz, dem einen oder andern zu verfallen, der Hoffnung oder der Resignation. Aber die Fakten zeigen überdeutlich, dass beides Wirklichkeit ist. Wir leben in dieser gespaltenen Welt. Und wir wissen: Wir haben keine andere. In dieser Welt haben wir zu bestehen.

1. Teil:
Neues Denken
ist gefragt

So entstand unsere Zeit

Der Mensch hat sich vom Einzeller zum homo sapiens entwickelt. Während sich diese Entwicklung über Jahrmillionen hinzog, verläuft die kulturelle Entwicklung in überschaubaren Zeiträumen.

Bis etwa 600 vor Christus prägten vorrationale, magische und mythische Vorstellungen den Alltag des Menschen. Verehrt wurden Naturkräfte, später die verschiedenen Gottheiten. Ungefähr um das Jahr 600 gab es, und zwar in mehreren Kontinenten zugleich, bedeutende Änderungen im Bewusstsein der Menschen. Sokrates in Griechenland setzte die Vernunft anstelle der Gottheiten. In Israel wandten sich die grossen Propheten gegen den Tempelkult: *„Barmherzigkeit will ich, nicht Opfer*[4]*"*. Buddha ersetzte die mythischen Vorstellungen des Hinduismus durch einen spirituellen Weg. In China entwickelten Konfuzius und Laotse ihre philosophischen Systeme.

Der Glaube an magische Rituale und die Macht der Götter verlor an Bedeutung; man begann, selbständig zu denken. Bereits zu dieser Zeit kündete sich ein rationales Zeitalter an. Als dann das Christentum mit seinen Mythen in unsern Ländern die dominierende Kraft wurde, gerieten das Denken und die religiösen Traditionen in Konflikt. Theologen entwickelten grosse Systeme, um Vernunft und die „Offenbarung" zu verbinden. Dieses philosophisch-theologische Gedankengebäude war bis ins Mittelalter die gestaltende Kraft in Europa.

1500 – die Geburt der Moderne

Die Zeit, die wir „die Moderne" nennen, begann um 1500 mit einem gewaltigen wissenschaftlichen und kulturellen Aufbruch. Anstatt sich wie bisher an alten Büchern zu orientieren, begannen die Forscher, die Welt direkt zu beobachten. Kopernikus berechnete die Planetenbahnen und lehrte, dass die Erde um die Sonne kreist. Galilei griff zum Fernrohr. Keppler löste die Beobachtung der Planetenbahnen vom theologischen Konstrukt der vollkommenen Kreisbahnen und bestand darauf, dass die Bahnen elliptisch verlaufen. Newton studierte den Fall des Steins und errechnete die Gravitation. Beobachtung und Mathematik begannen, Bibel und Kirche zu ersetzen.

Aufbruchsstimmung herrschte in allen Bereichen. Statt sich wie bisher in den Stadtmauern zu sichern, ging man auf die Suche nach fernen Ländern. Kolumbus und viele andere überquerten den Ozean, entdeckten neue Kontinente, eroberten sie, plünderten und mordeten ausgiebig.

Der Siegeszug der Vernunft

Die „Moderne" setzte sich in allen Bereichen des Lebens fort. Der Philosoph René Descartes (1596-1650) machte den Zweifel zur Grundlage des Wissens. Charles Darwin (1809-1882) entdeckte die Evolution der Arten und drängte den

Mythos von der Welterschaffung in sieben Tagen zurück.

Ein grosser technischer Aufbruch begann. Die Industrie mit ihren Motoren und Fabriken wuchs, die Landwirtschaft schrumpfte. Die Weltraumfahrt entstand, der Mond wurde betreten. Der Computer begann seinen Siegeszug, fast gleichzeitig das Mobiltelefon. Die Technik hat die Welt verändert.

In der Moderne entstand auch der Kapitalismus. Die Kontrolle über die Wirtschaft wurde dem Adel entzogen. Der Markt könne sich selber regulieren, fand Adam Smith (1723-1790). Kapital kumulierte sich, es kam zu einem gewaltigen Wohlstand in noch nie gekanntem Ausmass.

Demokratie ersetzte die herrschaftlichen Strukturen. Selbstständige Städte machten den Fürsten Konkurrenz. Die französische Revolution entthronte die Könige, demokratische Staaten entstanden. Und schließlich entfesselte die Atombombe ihre gewaltige, bedrohliche Kraft.

Der Aufbruch machte sich auch in der Kunst bemerkbar. Die Künstler verliessen die religiöse Darstellung, die wir von den Ikonen her kennen, und malten realistisch. Die Madonna erhielt die Züge lebender schöner Frauen. Die perspektivische Darstellung entstand. Während der künstlerische Stil früher über Jahrhunderte andauerte, wechseln sich Stilformen in rascher Folge.

Ein neues Zeitalter entstand. Die Vernunft hatte das alte mythische Denken überwunden. Es würde nun alles besser werden.

Die Moderne schwächelt

Wissenschaft, Technologie und Wirtschaft haben uns viel gebracht: Wissen, Wohlstand, Transportmittel, Waschmaschine, Abwasseranlagen. Doch immer mehr zeigen sich die zerstörerischen Seiten der Moderne. Wohlstand wandelt sich zur Armuts-Schere, Wachstum plündert die Ressourcen, Wissen entfremdet uns dem natürlichen Empfinden.

Das rationale Denken ist unentbehrlich. Doch es riskiert heute, uns ganz zu erfassen, ganz zu erklären, ganz zu durchdringen. Es verlässt seine Funktion als Werkzeug und nimmt unser Dasein und Denken ein. Dinge, Tiere, ja Menschen werden in diesem Denken auf ihre Nützlichkeit reduziert. Wahr ist, was sich rational beweisen lässt. Gut ist, was nützt.

Noch in meiner Kindheit war der Glaube an den Fortschritt ungebrochen. Autobahnen, Düsenflugzeuge, alles begrüssten wir freudig und hofften, dass es unbegrenzt so weiterginge. Und lange ging es so weiter. Bis kritische Stimmen aufkamen. 1972 warnte der Club of Rome[5], die Rohstoffe seien nicht endlos verfügbar. 1972 kann als Wendepunkt im Fortschrittsdenken betrachtet werden.

An vielen Fronten kündigten sich Probleme an. Die Meeresverschmutzung nahm bedrohlich zu. Die Ozonschicht begann, gefährlich dünn zu werden. Die Luftqualität wurde Thema. Die Gefahren der Klimaerwärmung wurden bekannt. Wirtschaftskrisen erschütterten den globalen Handel. Die Armutsschere wies auf Strukturmängel des Kapitalismus hin. Der Fortschrittsglaube begann zu schwächeln. Was wir kurz zuvor noch als Fortschritt begrüssten, wurde nun zunehmend bedrohlich.

Der Mensch verliert seine Krone

Das Bild des Menschen als Krone der Schöpfung verlor an Glaubwürdigkeit. Wenn die Vernunft nicht verhindern konnte, dass Nationalsozialismus und Stalinismus entstanden, dass zwei Weltkriege tobten, dass ein grosser Teil der Menschen trotz Fortschritt der Technologie schwersten Mangel erleiden, was soll sie da noch wert sein?

Die Wissenschaften, die so Grosses ermöglicht hatten, nagten ihrerseits am Menschenbild. Der Reduktionismus mit seinem Lieblingsausduck „Es ist nichts als …" verbreitete sich: Gefühle sind nichts als Erregung im limbischen Hirn, Verliebtheit nichts als ein Spiel der Hormone, Religion nichts als Zwangsneurose. Der Mensch ist nichts als ein Tier mit besonderen intellektuellen Fähigkeiten.

Ein Bewusstseins-Schritt ist fällig

Noch sind wir zu sehr verhaftet in Rationalität und Zweckhaftigkeit, um darüber hinauszuwachsen. Und weil sinnspendende Institutionen wie die Kirche für viele nicht mehr glaubwürdig sind, verbreiten sich Sinnverlust und Orientierungslosigkeit. Depression und Sucht folgen oft daraus. Egozentrik und Narzissmus blühen.

Das Verfallensein an materielle Werte, der wahnhafte Glaube an die Technik, der Geist des individuellen und kollektiven Egoismus, die rücksichtslose Ausbeutung von Natur und Menschen rufen mit Dringlichkeit nach einer neuen, sinnspendenden Kultur.

Integral - eine neue Weltsicht

Wenn eine Kultur zu Ende geht, zeichnen sich neue Ansätze ab. Das Ende der Moderne ist eingeläutet. Was kommt an ihrer Stelle? Einiges können wir erschliessen, wenn wir die Schwächen der vorausgehenden Epoche betrachten.

Denken ist nicht der ganze Mensch

Denken war das Zentrum der Moderne. „Ich denke, also bin ich", war die Devise von René Descartes. Das Denken bleibt wertvoll. Es hat uns die Wissenschaften mit ihren grossen Erkenntnissen und ihren technischen Entwicklungen gebracht. Doch Denken ist nur *eine* Funktion des Menschen. Denken erfasst nicht die ganze Wirklichkeit. Die naturwissenschaftliche Darstellung der Welt ist nicht die einzig mögliche.[6] Auch das subjektive Erleben, das intuitive Erkennen, das ethische Empfinden, die kulturellen Werte sind für das menschliche Leben unverzichtbar. Die Frage nach dem Sinn des Lebens ist wissenschaftlichem Denken nicht zugänglich, für die Lebensgestaltung ist sie aber zentral.

Jenseits der Ich-Perspektive

In der Devise „Ich denke, also bin ich" kommt zweimal das Wort „ich" vor. Nicht zufällig, denn die ganze Moderne war auf das Ich ausgerichtet. Da bin ich, und mir gegenüber steht die Welt.

Das lässt sich auch am perspektivischen Zeichnen aufzeigen, das die Moderne entwickelt hat. Sie kennen es von der Schule her: Alles wird vom sogenannten Fluchtpunkt aus gestaltet. Dieser Fluchtpunkt, das bin ich.

Jean Gebser[7] (1905-1973) hat darauf hingewiesen, dass Pablo Picasso und Georges Braque Gesichter gelegentlich von zwei Seiten her gleichzeitig malen. Er sieht darin ein Zeichen, dass wir heute fähig werden, Dinge und Vorgänge losgelöst von unserer Ich-Perspektive zu betrachten. Wir könnten sie ersetzen durch eine „integrale" Betrachtungsweise: Wenn ich auch die Perspektive der andern einbeziehe, bereichere ich mein Wissen.

Körper – Gefühle – Denken – Geist

Wenn wir darauf verzichten, den Menschen nur aus einer einzigen, nämlich der rationalen Sicht zu betrachten, gelangen wir zu einem ganzheitlichen Menschenbild. Meist nehmen wir nur den einen oder andern Aspekt des Menschen ins Visier: In der Medizin und im Sport haben wir Tendenz, alles auf den Körper zu beziehen. Bei grossen Entscheidungen, zum Beispiel einer Heirat, geben wir den Gefühlen viel Bedeutung. Und sehr oft vergessen wir Körper und Gefühle und verlieren uns im Denken. Der Mensch besteht dann aus Funktionen. Er ist aber mehr.

Es ist wichtig, den Körper mit seinen Empfindungen ernst zu nehmen. Es ist auch wichtig, die Gefühle zu beachten, sie motivieren uns zum

Handeln. Auch die rationale Dimension bleibt wichtig, sie muss aber in ihrer Einseitigkeit überwunden und in das Ganze integriert werden. Und zur Vollständigkeit des Menschen gehört auch seine spirituelle Seite, die Offenheit für Erfahrungen, die nicht mit dem Verstand erklärbar sind.

Offen werden für die Weltperspektive

Wer seine eigene perspektivische Sicht der Welt nicht absolut setzt, öffnet seinen Horizont auf das Ganze. Er überwindet Familienegoismus, Clandenken, Nationalismus. In der Familie gilt Liebe und Fürsorge als grosser Wert. In Clans verbundene Menschen halten unter sich zusammen. Nationen verbinden sich in gemeinsamen Gesetzen. Integrale Gesinnung blickt auch über diese Grenzen hinweg und interessiert sich für das Wohl aller Menschen, aller Lebewesen, des Planeten Erde.

Das bedeutet nicht, die Interessen des einzelnen, der Familie, des Clans und der Nation zu entwerten. So wäre es zum Beispiel fragwürdig, wenn ein Vater seine Familie vernachlässigt, um sich globalen Fragen zuzuwenden. Doch alles, was er tut, betrachtet er im Rahmen des Ganzen.

Gegensätze können überwunden werden

Die Fähigkeit, in einer Situation mehrere Perspektiven wahrzunehmen und zu würdigen, hilft, Konfliktsituationen zu überbrücken.

Die Physik geht uns diesbezüglich voran. Je nach Versuchsanlage zeigt sich das Licht in der

Form einer Wellenbewegung oder von kleinsten Teilchen. Beides widerspricht sich, doch beides zeigt sich im Experiment[8]. Gegensätzliche Standpunkte sind hier vereinbar.

Verbinden verschiedener Perspektiven ermöglicht eine ganzheitliche Sicht. Daraus ergibt sich Toleranz. Andersdenkende haben nicht immer unrecht, wenn sie mir widersprechen. Nicht diskutieren bringt die Wahrheit, sondern das Zusammenlegen verschiedener Ansichten. Alle Perspektiven sind zu würdigen, auch jene der Gegner, wenn das Phänomen ganz erfasst werden soll.

Umfassendes Wohlwollen

Wenn ich meine Weltsicht aus der Beschränktheit meiner eigenen Perspektive befreie und die Welt aus möglichst vielen Perspektiven betrachte, weiss ich um die Zusammengehörigkeit aller mit allen. Und daraus kann auch eine neue Lebenshaltung entstehen: Wohlwollen zu allen Wesen. Ich könnte nicht leben, wenn nicht viele Generationen vor mir gelebt und gewirkt hätten, wenn nicht Eltern und viele andere mein Leben ermöglicht hätten, wenn nicht unzählige Menschen täglich durch ihre Arbeit die Grundlagen dazu schafften.

Integrales Bewusstsein

Für diese Art, die Welt zu betrachten, brauchte der Schweizer Kulturphilosoph Jean Gebser[9] (1905-1973) das Wort „integral". Er sprach vom „integralen Bewusstsein", das sich abzuzeichnen beginne.

Nehmen wir wahr, dass es sich abzeichnet? Setzt sich die Einsicht durch, dass die eigene Perspektive nicht die einzig gültige ist, dass es sich lohnt, die Sicht der andern in die eigene einzubauen? Hat sich Toleranz verbreitet? Auch wenn im politische Bereich polarisieren, sich bekämpfen immer noch die Regel ist, glauben Sie an die Zukunft eines integralen Denkens und Handelns?

2. Teil:
Die Sinnkrise

Die grosse Verunsicherung

Seit Galilei steht der Mensch nicht mehr im Mittelpunkt der Welt. Die Erde entpuppte sich als Stäubchen in einem unermesslichen All. Etwas später entthronte Charles Darwin den Menschen durch den Nachweis, dass dieser aus der Tierwelt stammt. Siegmund Freud, der Vater der Psychoanalyse, zeigte schonungslos auf, dass wir nicht so vernünftig sind, wie wir glauben, dass wir auch von unbewussten Kräften gesteuert werden. Die Relativitätstheorie und die Quantenphysik machten unsere Welt undurchschaubar. Die Welt ist ein unermesslicher Raum geworden, der uns, im Gegensatz zum früheren „Himmelszelt", kein Heimatgefühl mehr bieten kann.

Die Achtundsechziger

Rund um das Jahr 1968 ging in vielen Ländern der Erde ein heftiger Aufruhr um: die Achtundsechziger-Bewegung. Die Jugendrevolte rüttelte an allem, was bisher Recht und Sitte war. Moralische Verhaltensregeln sollten ihre Gültigkeit verlieren, kapitalistische Strukturen durch ein lebenswertes System abgelöst, der neue, soziale Mensch verwirklicht werden.[10] Staat und Polizei boten das Feindbild.

Die Bewegung hat im Bewusstsein der Menschen viel verändert. Festgefahrene Gewohnheiten wurden aufgebrochen, fragwürdige Werte hinterfragt, lähmende Autoritäten entmachtet,

Tabus gebrochen. Doch damit ging auch die Sicherheit der ungebrochenen Traditionen und Autoritäten verloren. Von jetzt an musste jeder seinen Weg selber suchen.

Die postmoderne Philosophie

Zu gleicher Zeit relativierte die „Postmoderne"[11] vieles, was bisher als gewiss galt. Die Schrift „Das postmoderne Wissen"[12] von Jean-François Lyotard war der Start einer umfassenden Infragestellung von so ziemlich allem, was galt.

„Grosse Erzählungen" wie jene von der Welterschaffung in sieben Tagen, vom Königtum von Gottes Gnaden, von der Entstehung der eigenen Nation hätten bisher das ganze Verhalten der Menschen gesteuert. Die Zeit dieser Erzählungen sei nun vorbei, sie fänden keinen Glauben mehr.

In grossen Sprachanalysen wiesen Philosophen nach, dass es keine absolute Wahrheit mehr geben könne. Wahrheiten gebe es viele, die einzelnen seien aufeinander bezogen, hätten aber kein Fundament. Philosophie sei deshalb wie das Zirkulieren eines Schiffs in einem Archipel. Jeder ist mit seiner Wahrheit auf seiner Insel allein. Um dennoch kommunizieren zu können, verbinde ein Schiff die einzelnen Inseln. Mehr nicht[13].

Es ist nicht mehr klar, wofür wir leben

Da stehen wir nun. Wir haben zwar Freiheit gewonnen. Der Pluralismus der Meinungen ist weitgehend akzeptiert. Das Auflösen des festen Normendenkens hat Toleranz hervorgebracht. Doch die Welt ist unsicher, fragwürdiger geworden. Mit den festen Wahrheiten und geltenden Autoritäten ging auch Halt und Geborgenheit verloren. Niemand sagt uns mehr, was wahr und richtig ist. Das kann für den einzelnen eine grosse Herausforderung sein.

Die Frage kommt auf: Wenn es keine objektive Wahrheit gibt, wenn sich Wahrheit auflöst in Privatwahrheiten, ist dann nicht alles gleichgültig? Wohin führt uns das? Wie verständigen wir uns dann? Wenn nichts mehr gilt, wenn alles beliebig ist, wozu leben wir noch? Es stellt sich die Frage nach dem Sinn.

Es gibt kein Zurück

Viele versuchen, der Verunsicherung auszuweichen. Sie verdrängen die Frage durch Rückkehr zur Unschuld primitiver Kulturen, feiern Rituale der Indianer, der Schamanen im fernen Osten. Man bindet sich an wörtliche Auslegung der Heiligen Schriften. Man hängt sich an spirituelle Meister. Man prangert die Wissenschaften als kopflastig an und feiert die Welt der Gefühle.

Auch der verbreitete religiöse oder nationalistische Fundamentalismus ist ein Ausweichen vor der grossen Unsicherheit und der Verantwortung, die sie mit sich bringt. Wer sich unsicher fühlt, sucht einen Halt, einen Rettungsring. Viele hängen sich an eine Organisation, die „noch weiss, was wahr ist". Andere verdrängen die Sinnfrage durch Betriebsamkeit und durch Mitschwimmen im Mainstream.

Doch es gibt kein Zurück[14]. Der Weg in die Zukunft führt nicht hinter die Verunsicherung der Postmoderne zurück. Der Weg führt über sie hinaus. Wir müssen Ausschau halten nach einem Weg, wie wir jenseits definierter Wahrheiten ein sinnvolles Leben führen können.

Sinn wird erfahren, nicht gedacht

Auch wenn traditionelle Werte und Autoritäten nicht mehr gelten, auch wenn es unmöglich ist, absolute Wahrheiten zu formulieren, so ist es doch berechtigt, nach dem Sinn zu fragen, der unserem Alltag Wert und Ausrichtung gibt.

Spiritualität

Gerne würde ich hier von Spiritualität sprechen. Doch das Wort ist so stark gebraucht und missbraucht, dass es zu Missverständnissen führen muss. Auch andere Wörter ständen zur Verfügung: Erleuchtung, innerer Friede, Atman, Wesenskern. Sie alle verweisen auf dasselbe, jeweils mit einem besonderen Akzent. Ich entscheide mich hier für das Wort „Sinn", im vollen Bewusstsein, dass auch dieses Wort einer Deutung bedarf.

Sinn zeigt sich

Ich kann den Sinn des Lebens nicht formulieren. Er ist mit den Mitteln des Denkens nicht auszumachen. Aber ich weiss, dass es Ereignisse gibt, die mich ergreifen, mich mit Sinn erfüllen. Ich weiss auch, dass ich Handlungen vollziehen kann, an deren Sinn ich nicht zweifle, auch wenn sie vor dem Verstand nicht bestehen können. Das muss ich nicht beweisen, das erfahre ich. In solchen Momenten zweifle ich nicht, dass das Leben sinnvoll ist.

Die Blume ist mehr als Botanik

Blumen sehen wir jeden Tag. Wir eilen an ihnen vorbei, wir überlegen vielleicht, was sie kosten, wie sie in der Botanik heissen. Es kommt aber vor, dass wir vor einer Blume stehen bleiben. Wir werden ergriffen. Wir staunen über ihre Schönheit. Wir merken, dass uns die Blume mehr ist als das botanische Gewächs, das die Natur hervorgebracht hat. Zwischen uns und der Blume ist etwas entstanden, das einen Sinnzusammenhang aufweist.

Gleichermassen ist auch der Mond mehr als ein um die Erde kreisender Steinhaufen. Die Musik ist mehr als ein Bündel sich rhythmisch bewegender Schallwellen. Der Sonnenuntergang ist mehr als Strahlenbrechung. Ein Gemälde ist mehr als ein Sammelobjekt. Eine Begegnung ist mehr als Kontakt.

Wir sind fähig, dem, was uns im Alltag begegnet, was die Wissenschaft misst und kontrolliert, einen Glanz, eine Bedeutung zu geben. Wenn wir es wirken lassen, wird das Leben warm und nährend. Das Erlebnis führt uns in die Sphäre von Lebendigkeit, Schönheit und Sinn.

Wenn wir von solchen Erfahrungen reden, sagen wissenschaftlich denkende Menschen oft, das gebe es zwar schon, aber es sei „nur subjektiv". Doch wenn wir uns besinnen auf Erfahrungen, die uns tief ergriffen haben, werden wir dem nicht zustimmen. Das „nur" käme uns abwertend vor.

Schon eher würden wir von der Wissenschaft sagen, sie sei „nur objektiv". Leben ist mehr als Denken.

Natürlich steht dem Wort „Sinn" das andere Wort „Unsinn" oder „Absurdität" gegenüber. Das Absurde in der Welt ist mindestens so eindrücklich wie das Sinnhafte. Es wäre eine eigene Abhandlung wert, darzustellen, wie wir verhindern können, dass der Sinn vom Unsinn verschlungen wird. Wir könnten unsere Frage auch ausweiten in die Bereiche von Religion und Mystik. Religion vermittelt eine konkrete Form sinngeprägten Lebens. Mystik eröffnet jenen, die einen spirituellen Übungsweg gehen, Zugang zu Bereichen, die uns sonst verschlossen sind. Doch das weiter auszuführen, würde in unserem Rahmen zu weit führen.[15]

Ist sinnorientierte Politik möglich?

Vielleicht sind wir von der gesellschaftlichen Ausrichtung dieses Buches etwas abgewichen. Doch es war notwendig, um überhaupt die Frage stellen zu können: Gibt es auch sinnorientierte Politik? Ist es möglich, das, was wir in unserm Alltag als sinn- und wertvoll erleben, auch in die Politik zu übertragen?

Ethik des gesunden Menschenverstandes

In der Politik beschliessen wir Regeln, wie wir miteinander umgehen wollen. Dazu gehören die Verkehrsregeln, die staatlichen Gesetze, aber auch Verträge und Absprachen, die wir miteinander eingegangen sind.

Und es gibt moralische Grundsätze, die unmittelbar einleuchten und die wir bejahen, wenn wir darüber nachdenken, einfach weil sie vernünftig sind. Ein gutes Beispiel ist die sogenannte „Goldene Regel", die in vielen alten Kulturen verbreitet ist: *„Behandle andere so, wie du selber behandelt werden willst."* Einleuchtend präsentiert sich auch der „Kategorische Imperativ" Immanuel Kants (1724-1804): *„Handle nur nach derjenigen Maxime, durch die du zugleich wollen kannst, dass sie ein allgemeines Gesetz werde."*[16] Es entspricht dem gesunden Menschenverstand, so zu denken.

In der politischen Philosophie gibt es die „Diskursethik" von Jürgen Habermas[17]. Nach dieser Auffassung sind Normen gültig, wenn sie „*die Zustimmung aller Betroffenen als Teilnehmer eines praktischen Diskurses finden*". Dies ist ein rationales Verfahren, das von allen geteilt werden kann, die bereit sind, sich mit Argumenten auseinanderzusetzen. Und nach diesem Verfahren entsteht weitgehend auch unsere nationale und internationale Ethik.

Die Grundsätze gemeinsamen Handelns haben wir in Verfassung, Gesetzen und Verordnungen festgelegt. Man hat sich einmal darauf geeinigt, und das gilt jetzt. Darauf stützen sich meist die Ethikkommissionen. Ein Beispiel ist das Prinzip des Schutzes von Minderheiten, auf das sich die Mitglieder der UNO nach dem zweiten Weltkrieg geeinigt hatten.

Eine Ethik des integralen Bewusstseins?

Das alles ist gut und wichtig. Wir brauchen solche Regeln, solche Gesetze. Und wir müssen uns dabei abstützen auf das, worüber sich Menschen einigen können. Doch wünschten wir uns nicht etwas mehr? Eine Ethik, die nicht von äusseren Regeln geleitet, nicht von Argumenten gestützt würde, sondern von inneren Impulsen, von einer inneren, einer geistigen Einstellung? Eine Ethik, ganz aus integralem Bewusstsein, aus der Kultur einer intuitiv-spirituellen Intelligenz entwickelt?

In einem Vortrag liess Christian Felber, der Begründer der Gemeinwohl-Ökonomie[18], sein Publikum auf eine Tafel notieren, was ihnen im

Familien- und Freundeskreis wichtig sei. Die Antworten waren ziemlich einhellig: Zuwendung, Fürsorge, Güte, Zuverlässigkeit, Wohlwollen, Verzeihen, Liebe. In eine zweite Kolonne liess er sie niederschreiben, was in Politik und Wirtschaft zählt. Genannt wurden: Recht haben, Gewinnen, Ausschalten der Konkurrenz, Macht, Profit.

Es wurde deutlich, dass Werte, die uns im privaten Bereich wichtig sind, in Politik und Wirtschaft fehlen. Wir begegnen diesem Mangel auch in Unwörtern wie Altenmarkt, Krankengut, Asylantenflut, Humankapital, Rentnerschwemme. Überdeutlich wird es uns vor Augen geführt im Kampf der grossen Konzerne, in der militärischen Aufrüstung, in Kriegen.

In der Evolution gilt das Gesetz: Der Überlebensfähigere setzt sich durch. Neuere Forschungen betonen, dass auch die Fähigkeit zur Kooperation für das Überleben entscheidend ist. Uns Menschen haben Evolution und Kultur zu weiteren wertvollen Fähigkeiten verholfen: Mitgefühl, Hilfsbereitschaft, Sympathie, Liebe. Es ist ziemlich tragisch, dass Politik und Wirtschaft noch weitgehend im Überlebenskampf stecken geblieben sind.

Eine Vision
sinnorientierter Politik

Sinnerfahrung und Sinnorientierung lassen sich nicht ohne weiteres in die Politik übertragen. Sie sind Erfahrungen achtsamer Menschen. Wäre einmal eine Kultur der Achtsamkeit genügend in der Gesellschaft verankert, könnten sich sinnorientierte Werte einbürgern. Inzwischen bleiben sie eine Vision einzelner Menschen und solidarischer Gruppen. Doch auch Visionen sind wirksam.

Ein beseeltes Menschenbild

Die einseitige Verherrlichung von Denken und Machen, welche die Moderne hervorbrachte, hat unser Menschenbild geprägt. Dieses Menschenbild wiederum prägt das Verhalten der Gesellschaft. Es ist eine hochpolitische Aufgabe, den Menschen aus einem einseitigen, einengenden Menschenbild zu befreien.

Der Mensch ist mehr als Wissen und Können. Er ist mehr als Leistungserbringer. Sein Erleben ist mehr als Bewegung der Neuronen im Hirn. Der Mensch ist frei in seinen Entscheidungen und für sein Handeln verantwortlich, auch wenn es neuronal anders gemessen wird. Geiz ist nicht geil, auch wenn dies so herumgeboten wird, sondern Verkümmerung[19]. Neben den Körperempfindungen, Gefühlen und Gedanken sind wir als Menschen auch grundsätzlich offen für Sinnerfahrungen und spirituelle Impulse.

Die Unkultur des Habens überwinden

Die Moderne stellte das Subjekt, das Ich in den Vordergrund. Das bewirkte, dass wir lernten, alles aus unserer egozentrischen Sicht zu sehen. *Ich* muss recht haben, *ich* muss gelten, *ich* muss erwerben und haben.

Daraus hat sich ein Weltbild entwickelt, das den Konsum der Güter in den Vordergrund stellt, und damit eine Wirtschaft geschaffen, die selber die Gier nach unbegrenztem Profit zum Prinzip erhoben hat. Habenwollen dominiert die Welt und verhindert ein wirkliches Leben in Güte und Gerechtigkeit.

Gier ist wohl eine der stärksten Triebfedern des Menschen. Sie hat verschiedene Stufen und Formen. Der Säugling greift gierig zur Mutterbrust. Das gestehen wir ihm gerne zu. Wir streben dann mehr oder weniger gierig danach, unsere Grundbedürfnisse zu befriedigen. Auch das ist in Ordnung. Wenn wir im Mangel leben, entwickeln wir daraus eine verstärkte Gier und werden egoistisch. Und schliesslich leben wir die Gier auf Kosten anderer aus.

Politik kanalisiert die Gier der Menschen durch Gesetze so, dass sie das Ganze nicht stört oder sogar dem Ganzen dient. Im Liberalismus lässt sie die Gier im Wettbewerb spielen, im Sozialismus will sie die negativen Wirkungen zugunsten einer gerechten Welt hemmen und korrigieren. In Frage gestellt wird die Gier nicht.

Doch darüber hinaus gibt es das erstaunliche Phänomen der Liebe, mit dem die Politik nicht zu rechnen scheint.

Macht euch die Erde nicht mehr untertan

Die Aussage der Bibel *„Macht euch die Erde untertan"*[20] wurde gebraucht und missbraucht, um uns Menschen zu ermächtigen, die Erde auszubeuten, die Tiere zu Gebrauchsgegenständen zu erniedrigen, den Kreislauf der Natur und das Lebensrecht aller Lebewesen rücksichtslos zu ignorieren.

Die aufgeführte Bibelstelle drückt Gewalt aus. Gewalt war in den damaligen Gesellschaften üblich. Wir brauchen das nicht zu übernehmen. Heute kann der Satz anders lauten: Hegt und pflegt Pflanzen und Tiere als eure Mitgeschöpfe. Wenn ihr sie braucht, als Arbeitskräfte oder als Nahrung, wie es dem Gesetz der Evolution entspricht, tut es mit Respekt und Rücksichtnahme.

Intuition als Weg zur Entscheidung

Wir haben von Gesetzen gesprochen, die wir uns im Diskurs selber gegeben haben. Hintergrund war in der Regel der „gesunde Menschenverstand". Wir wissen aber aus unserer persönlichen Sinnerfahrung, dass auch eine andere Fähigkeit zur Entscheidungsfindung eingesetzt werden kann: die Intuition. Dabei halten wir das Denken, Planen und Wollen zurück, gehen auf Empfang. Unbewusst ordnen sich die vielen Aspekte des behandelten Problems. Eine Idee, ein Bild, ein Impuls taucht auf. Es entsteht Klarheit. Und ich weiss, was jetzt, in dieser Situation, richtig ist.

Die schweizerische Partei „Integrale Politik"[21] hat dazu eine Methode entwickelt, welche die Intuition bei politischen Entscheidungen einbezieht. Zuerst wird der Ist-Zustand der Frage möglichst vollständig erfasst. Auch die Argumente der Andersdenkenden werden geprüft. Auch Bauchgefühl, Ängste, Bedürfnisse tragen das ihre bei. Dann tritt Stille ein, Entspannung, innere Freiheit für das, was kommen will. Was entsteht, wird gesammelt und zur Entscheidung verarbeitet.

Eine Kultur der Achtsamkeit

Der inneren, sinnspendenden Dimension im Leben einen festen Platz einzuräumen, erfordert eine Lebensweise, die uns heute ziemlich abhandengekommen ist. Meist gehen wir aktiv, zielgerichtet, willensgesteuert durch den Tag. Oder dann oberflächlich, gleichgültig. Wenn ich mich der inspirierenden Erfahrung öffnen und zu einer Kultur der Achtsamkeit beitragen will, ist eine andere, eine empfangenden Haltung angesagt: bereit sein, unscheinbare Anregungen von aussen und feine Impulse im Innern wahrzunehmen und achtsam darauf zu reagieren.

Wir sind weit von dieser Kultur der Achtsamkeit entfernt. Sie verbreitet sich in Kreisen bewusster Menschen. Kurse aller Art bieten Gelegenheit, es zu lernen und zu üben. Ziel muss sein, dieser Kultur im ganzen öffentlichen Raum ihren Platz einzuräumen.

Die Kraft der Vision

Eine Ethik dieser Art wird sich in einer pluralistischen Gesellschaft vielleicht nie einführen lassen. In der Gesellschaft gilt das, was der Diskurs hervorbringt. Es wird soweit gelten, als eine Mehrheit dazu reif ist.

Was ich mir aber nicht nehmen lassen will, ist, aus einer Vision zu leben. Der Vision einer Gesellschaft, die sich am Sinnhaften orientiert und sich von integraler Grundhaltung inspirieren lässt. Und wenn ich diese Vision in einer Gemeinschaft Gleichgesinnter teilen kann, wird sie zur ermutigenden und weiterführenden Kraft.

Wer Visionen entwickelt, wird gerne als „Visionär" belächelt. Wissen doch alle, dass in der Politik nur kleine Schritte umsetzbar sind. Dabei geht oft vergessen, dass die kleinen Schritte in die Irre gehen, wenn die Richtung nicht klar ist, in die sie gehen sollen.

Lassen wir es uns nicht nehmen, von einer Gesellschaft zu träumen, die sich an Sinnerfahrungen orientiert und aus einem integralen, umfassenden Bewusstsein lebt. Auf eine Vision zu verzichten, hiesse Freude und Zuversicht verkümmern lassen. Sicher geht es dabei nicht um die naive Erwartung eines kommenden irdischen Paradieses. Es geht darum, den Kompass zu stellen für unser tägliches Handeln. Auch wenn Bewusstseinsprozesse langsam sind und die Widerstände gross: Die Vision wird unsere Schritte lenken und unsere Motivation stärken, um mit konkreten Aktionen in die richtige Richtung zu wirken.

3. Teil:
Die Zeit der grossen Beschleunigung

Neue Entwicklungen fordern uns heraus

Seit Jean Gebser seine Vision des integralen Bewusstseins entwickelt hat, ist vieles geschehen. Neue Entwicklungen überrennen uns in rasendem Tempo. Technische Neuerungen scheinen ins Unbegrenzte zu wachsen, die Fortschritte der Biotechnologie sind kaum mehr zu kontrollieren, der Ökokollaps beginnt sich abzuzeichnen.

Die digitale Revolution

Noch vor Jahrzehnten gab es im privaten Bereich weder Computer noch Mobiltelefon. Heute ist ein Leben ohne sie kaum mehr zu denken. Das Internet verbindet alle mit allen und vermittelt uns das gesamte Wissen der Menschheit. Riesige Konzerne wie Facebook oder Google bieten Kommunikation und Unterhaltung über alle Grenzen hinweg. Die Daten werden gesammelt, ausgewertet und für Werbung und Verhaltenssteuerung genutzt. Es droht das Gespenst des gläsernen und steuerbaren Menschen.

Ein eindrückliches Beispiel digitaler Revolution ist der selbstlernende Rechner „AlphaZero" der Firma DeepMind. Ihm wurden sämtliche Regeln des Schachspiels beigebracht. Dann schickte man ihn los. Er sollte selber das Schachspiel erlernen. Er spielte ein paar Stunden gegen sich selbst, lernte aus den Spielen und war dann imstande, den Schach-Algorithmus „Stockfish" überwältigend zu besiegen. Stockfish war der bis anhin beste Schachautomat; er enthielt das ganze Schachwissen der Menschheit[22].

Alles geht so schnell, dass gesellschaftliche Regulierungen es kaum noch steuern können. Angst vor Verlust des Arbeitsplatzes geht um. Menschen drohen überflüssig zu werden in dem Mass, als Maschinen es besser und schneller können.

Das Erbgut steht zur Verfügung

Seit 1971 beschäftigt sich die Wissenschaft mit der Entschlüsselung des Gencodes. 1975 trafen sich Fachleute in Kalifornien zu einer Konferenz und legten gemeinsam Grenzen für die Forschung fest. Die Gefahr der unkontrollierten Manipulation wurde offenbar schon damals erkannt. 1982 kam das künstliche Insulin als erstes mit Gentechnik erzeugtes Medikament auf den Markt. In den Achtzigerjahren entbrannte der Streit, ob genmanipulierte Lebewesen patentierbar seien. 1981 entschied der Supreme Court der USA, dass grundsätzlich nichts dagegenspreche, Lebewesen zu patentieren. Schon ein paar Jahre später wurde eine genveränderte Maus patentiert. 1990 nahm die Wissenschaft das „Human-Genprojekt" in Angriff, das schliesslich im Jahr 2000 zur vollständigen Entschlüsselung des menschlichen Gencodes führte.

Wir kennen nun den Bauplan unserer Spezies. Doch es soll weitergehen. 2018 wurde das internationale „Earth BioGenome Project" lanciert. Es hat zum Ziel, innert zehn Jahren den genetischen Code aller bekannten Lebewesen auf der Erde zu entschlüsseln und damit verfügbar zu machen. Damit werden gewaltige Möglichkeiten eröffnet: Heilung von Krankheiten, Optimierung unserer Fähigkeiten, aber auch folgenreiche Fehlleistungen.

Der Mensch, die Tiere, die Pflanzen können „optimiert", das heisst nach unsern Wünschen verändert werden. Doch sind unsere Wünsche richtig? Können wir, was über Jahrmillionen gewachsen ist, verändern, ohne das Gleichgewicht der ganzen Biosphäre zu gefährden?

Der Kapitalismus tritt über die Ufer

Der Kapitalismus war ursprünglich darauf angelegt, eine herrschaftsfreie Tauschgesellschaft aufzubauen. Der Tausch unter Gleichberechtigten sollte das Regime von Fürsten und Adligen ablösen[23]. Zur Herstellung der notwendigen Güter sollte nicht Zwang, sondern das Eigeninteresse der Einzelnen führen. Das belebe die Wirtschaft, denn persönliches Eigeninteresse motiviert.

Inzwischen nimmt aber der Kapitalismus unkontrollierbare Formen an. Die Märkte diktieren zunehmend die Politik. Der ursprünglich demokratische Ansatz wird abgelöst von der Diktatur der internationalen Konzerne. Der Aktienmarkt, vor allem in der Form des Hochfrequenzhandels, entzieht der Realwirtschaft riesige Gelder aus dem Kreislauf, ohne einen Gegenwert zu bieten. Der Neoliberalismus spaltet die Völker und Menschen in Arme und Reiche. Er verschlingt die begrenzten Ressourcen der Erde, um überflüssige Produkte herzustellen, für die wiederum geworben werden muss. Er häuft Abfallberge. Er ist daran, ohne Rücksicht die Grundlagen menschlichen Lebens auf diesem Planeten zu zerstören.

Gegenkräfte gibt es. Doch sie sind noch zu schwach, um dem Drang zur Gewinnmaximierung standzuhalten. Nationen, Konzerne, Systeme sind so stark vernetzt, dass kaum an einem einzelnen Hebel angesetzt werden kann. Reformen sind nur möglich durch eine umfassende Sinnesänderung, vor allem durch die Ächtung der Gier, die heute oft sogar verherrlicht wird.[24] Oder dann durch eine unvorstellbare Katastrophe.

Eine globalisierte Welt

Nationale Grenzen bestehen noch, doch werden sie durch Wirtschaft, Migration und Reiselust zunehmend relativiert. Güter werden importiert und exportiert, Normwerte werden angeglichen, Gesetze angepasst. Wirtschaftskrisen in den USA oder in China werfen weitum ihre Wellen. Grosse Konzerne arbeiten länderübergreifend und entgehen so der Kontrolle der einzelnen Staaten.

Das Projekt Europäische Union brachte Europa, das sich eben noch zerfleischt hatte, über viele Jahrzehnte Frieden und Wohlstand. Aber die einseitige Ausrichtung auf den wirtschaftlichen Aspekt der Zusammenarbeit brachte auch schmerzliche Umstellungen mit sich: Verminderung der nationalen Autonomie, Abhängigkeit der nationalen Wirtschaft von Entwicklungen im Rest der Welt, Konzentration der Landwirtschaft in immer grössere Betriebe, Ladensterben und so weiter.

Für oder gegen die Globalisierung? Eine unsinnige Entscheidung. Eine radikale Globalisierung opfert die Eigenständigkeit der Regionen, öffnet den Weg für internationale Machtkonzentrationen und einen kulturellen Einheitsbrei. Ein Rückzug in die nationalen Grenzen hingegen fördert einen verstärkten Nationalismus mit seiner Gefahr von Feindbildern und Konflikten. Wer Lösungen finden will, muss beidem gerecht werden.

Die Komplexität der Migrationsfrage

Die Verelendung ganzer Völker führt zu grossen Fluchtbewegungen. Ende 2015 waren weltweit 65,3 Millionen Menschen auf der Flucht. Ursachen sind einerseits die Gewalt: Kriege, Terror, Angst vor Entführung oder Folter, andererseits die Klimaveränderung mit ihren Folgen: Dürre, Überschwemmung, steigender Meeresspiegel, Trinkwasserknappheit.

Wahrscheinlich ist, dass die Fluchtbewegungen zunehmen werden. Der Klimawandel wird Menschen in die Flucht treiben, auch wenn keine kriegerischen Auseinandersetzungen sie dazu bewegen.

Viele Menschen sind bewegt von der Not der Flüchtlinge. Fast alle Nationen haben sich in den Menschenrechten der UNO zur Aufnahme verpflichtet. In vielen Staaten werden deshalb Flüchtlinge in grosser Zahl aufgenommen. Doch wenn dies geschieht, entsteht ein neues Problem: In der Bevölkerung entwickeln sich Fremdenfeindlichkeit und Hass. Das stürzt auch human eingestellte Regierungen in ein Dilemma.

Die Migration mit ihren Folgeerscheinungen muss in ihrer ganzen Komplexität verstanden werden und darf nicht populistischen Parolen überlassen werden.

Neue Formen von Krieg

Zwar rüsten die Nationen immer noch wie zur Zeit der Weltkriege mit Panzern und Flugzeugen auf. Auch Atomwaffen werden wieder gebaut. Doch es drohen neue Formen von gewaltsamen Auseinandersetzungen. Nach der Erfindung des Schiesspulvers und der Atomwaffen sei die dritte Revolution der Kriegsführung angebrochen, liest man. Drohnenpiloten sitzen in einem sicheren Zentrum und steuern den Kampf von fern. Roboter werden teilweise Soldaten ersetzen. Ratten bekommen Elektroden eingepflanzt, durchwühlen ferngesteuert Häuserruinen, Tunnels und Höhlen. Dort spionieren sie oder richten Schaden an. Vollautonome, selbstlernende Waffensysteme treffen selber Entscheidungen. Der Cyberkrieg mit seinen vielen Möglichkeiten – von der Störung der Kommunikation bis zur Lahmlegung der Infrastruktur – kann auch ohne Waffen grosse Zerstörung anrichten.

Eine neue Dimension bekommt die Kriegsführung durch die erklärte Absicht der USA, den

Weltraum zu bewaffnen. Gleichzeitig mit seiner Ankündigung, 716 Milliarden Dollar für den Verteidigungshaushalt zu bewilligen, verkündete Donald Trump im Juli 2019: *„Wie der Himmel, die Erde und das Meer ist der Weltraum zum Schlachtfeld geworden."* Auch China, Russland und Indien bereiten sich auf den „Krieg der Sterne" vor. Der Irrsinn der Aufrüstung weitet sich ins Unbegrenzte.

Die Herausforderung Klimawandel

Klimawandel ist ein Phänomen, das auch unabhängig vom menschlichen Wirken stattfindet. Soweit haben die Gegner einer neuen Klimapolitik recht. Seit der Industrialisierung hat er aber eine neue Dimension angenommen. Die UNO setzte deshalb 1988 den Weltklimarat ein. Dieser erklärte 2007, dass kein Zweifel bestehe, dass die Freisetzung von Treibhausgasen durch den Menschen den raschen Klimawandel verursacht. Inzwischen sind mehrere Zwischenberichte veröffentlicht worden, die diese Aussage bestätigen[25]. Neuere Forschungen zeigen, dass der jetzige Klimawandel grossenteils menschengemacht und deshalb vom Menschen veränderbar ist.[26]

Die Folgen des Klimawandels sind teilweise schon eingetroffen, andere sind absehbar. Die Gletscher in der Antarktis, in Grönland, Island und Spitzbergen schmelzen in bedrohlichem Ausmass. Auch die Gletscher im Alpengebiet haben sich über grosse Gebiete zurückgezogen. Der Permafrost löst sich auf, was zu Steinschlag führt. In der Folge der abschmelzenden Gletscher steigt der Meeresspiegel an. Zwischen 1901 und 2010 stieg er jährlich um 1,7 Millimeter, in der Schlussphase dieser Zeit waren es schon 3,2 Millimeter.[27] Forschungen lassen vermuten, dass der Anstieg bis 2100 zwischen 50 cm und 2,3 Meter betragen wird[28]. Holland baut neue Dämme und grosse Wasserauffang-Becken. In Bangladesch, einem besonderes bedrohten Land, fehlt dazu das Geld.

Doch immer noch bagatellisieren Wirtschaftsverbände und ihnen hörige Parteien das Problem, rechtfertigen sich mit fadenscheinigen Argumenten und sträuben sich gegen notwendige Massnahmen. Die Leugnung des Klimawandels ist ein Vorzeigebeispiel interessengesteuerter Politik.

Weltweite Konferenzen arbeiten an geeigneten Lösungen. In der Wirtschaft werden klimafreundliche Methoden entwickelt. Auch im Privaten beginnen viele, ihren Konsum zu verringern, sich einzuschränken, um einen eigenen Beitrag zu leisten. Doch wer sich für konstruktive Strukturen und Abläufe einsetzen will, braucht Geduld und Weitsicht. Bewusstsein entwickelt sich langsam. Werden wir es schaffen?

Der Wandel
hat schon begonnen

Wir sind nicht allein. Überall in der Welt sind Menschen und Organisationen daran, die destruktiven Auswirkungen verfehlter Politik und rücksichtslosen Wirtschaftens zu minimieren und einen Wandel zu mehr Nachhaltigkeit und Lebensqualität einzuleiten. In diesem Kapitel sollen solche Projekte zur Sprache kommen. Das kann ein Gegengewicht bilden zu den vielen belastenden Nachrichten, die uns Tag für Tag erreichen.

Die UNO ging voran

Nach der vernichtenden Katastrophe des zweiten Weltkriegs entstand die UNO. Sie legte mit ihrer Charta die Grundlage für das Handeln über die nationalen Interessen hinaus. Ein grosser Wurf, den zu lesen immer wieder lehrreich und ermutigend sein wird[29].

Neben der Charta entstanden in der UNO viele weitere Vereinbarungen. Das Welthungerprogramm lindert die Not bei Dürre und Krieg. Die Allgemeine Erklärung der Menschenrechte steht ein für ein Leben in Würde für alle. Der Internationale Gerichtshof bietet die Möglichkeit, Konflikte zwischen Staaten gewaltfrei zu lösen. Die Antifolter-Konvention untersagt grausame Behandlung. Viele weitere „Erklärungen" regeln das Zusammenleben der Nationen. Trotz aller

Mängel ist die UNO mit ihren Werken eine Pionierin international vernetzten Handelns.

Nichtregierungsorganisationen laden ein

Von der UNO und staatlichen Autoritäten unabhängig, setzen sich viele Nichtregierungsorganisationen (NGO's) für eine gerechte und nachhaltige Welt ein. Meist sind sie über die Landesgrenzen hinaus in verschiedenen Ländern tätig. Von der UNO sind sie offiziell als Mitspielerinnen in der Weltpolitik anerkannt.

Viele von ihnen kennen wir: „Greenpeace" stellt sich in mutigen Aktionen den Übergriffen multinationaler Konzerne entgegen, wo die Staatengemeinschaft nur zuschaut. „Ärzte ohne Grenzen" heilen, wo nationale Mächte zerstören. „Amnesty International" setzt sich überall gegen Folter ein, wo das Folterverbot kein Gehör findet. „Human Rights Watch" kämpft für die Einhaltung der Menschenrechte, für die einzustehen die UNO zu wenig Macht hat. „Public Eye" deckt unsoziales und unökologisches Wirken vieler Konzerne in armen Ländern auf. Die „Clean Clouds Initiative" setzt sich dafür ein, dass in der Textilindustrie armer Länder existenzdeckende Löhne bezahlt werden. Sie und viele andere laden uns zur Mitwirkung ein.

Eine grosse Zahl kleiner Projekte

Zurzeit entstehen in der ganzen Welt aber auch viele kleinere Projekte, welche sich in den Dienst einer lebenswerten Zukunft stellen. Sie ergänzen

Protest und Kampf durch konkretes zukunftsweisendes Handeln. Viele von ihnen beginnen, sich international zu vernetzen. Leider erfahren wir meist nicht viel von ihnen in unsern Medien. Einige davon sollen hier dargestellt werden.

Dezentrale Ernährung

Private Produktion von Lebensmitteln ergänzt weltweit den grossflächigen Anbau mit seinen riesigen und oft nicht nachhaltigen Monokulturen. Handelsformen, die schon unsere Grosseltern kannten, wie Märkte oder Direktvertrieb vom Bauernhof, leben wieder auf. Sie bieten Frischprodukte an und schaffen Kontakt unter den Menschen. Permakultur bringt die entstehenden Abfälle wieder in den Kreislauf zurück. Regionale Produktion vermeidet grosse Handelswege und Machtkonzentration der Agrarmultis. Sie fördert ökologischen Anbau, erhält Arbeitsplätze und bewahrt die kulturelle Eigenart der Regionen.

Urban Gardening

Ackerbau war bisher meist Sache ländlicher Gebiete. Doch immer mehr bieten auch Städte Raum zum Bepflanzen an. „Urban gardening" ist ein weltweit verbreitetes Konzept geworden. Die Gärten begrünen unattraktive Stadtteile, vermitteln Stadtbewohnern Zugang zur Natur. In armen Ländern sind sie Teil des Überlebenskampfs.

Bekannt wurden zwei Projekte in Kalifornien. Die „South Central Farm" wurde von Flüchtlingen aus Südamerika eingerichtet. Sie verhalf ihnen zu Lebensmitteln, die ihnen von der Stadt nur knapp zugeteilt wurden. Gleichzeitig war sie der ideale Ort, um sich zu treffen. Das Projekt wurde wegen Eigentumsansprüchen einge-stampft. Besser gelang es der „Fairview Gardens Farm". Das Projekt wollte Gemeinschaft, Acker-bau und Bildung miteinander verbinden. Es war politisch abgestützt, wurde 1997 sogar unter Schutz gestellt und gilt heute als Modell eines ge-lungenen Urban Gardenings.

Verkehrsprojekte

Unter dem Einfluss engagierter Gruppen ent-wickeln viele Städte umweltfreundliche Ver-kehrsprojekte. Kopenhagen gilt als Modell einer fahrradfreundlichen Stadt. Mehrere Städte in Hol-land, Norwegen und Deutschland folgten nach. Seit 2005 vergibt „Pro Velo Schweiz" Preise in ver-schiedenen Kategorien nachhaltiger Verkehrspo-litik.

Viele Städte prüfen die Einführung des Road-pricing, einer Gebühr für die Nutzung der Stras-sen in besonders verkehrsgeplagten Stadtteilen. Singapur ging schon 1970 voraus, es folgten die Städte Bergen und Oslo in Norwegen. London führte die Gebühr 2003 ein, wenn auch mit ver-schiedenen Einschränkungen.

Lokalwährungen

In einem geographisch begrenzten Gebiet füh-ren Lokalwährungen Geschäfte zusammen, um mit eigenem Geld eine Art regionales Tauschsys-tem zu schaffen. Das bindet die Kunden und Kun-dinnen an regionale Verkaufsstellen, fördert den sozialen Kontakt und bietet eine gewisse Unabhängigkeit vom staatlichen Finanzsystem.

In Deutschland sind zurzeit etwa 30 Regionalwährungen im Umlauf. Der bekannteste ist der „Chemgauer", der seinen Ausgang in einer Waldorfschule nahm.[30] In der Schweiz hat die Währung „WIR" Bedeutung erlangt. Das Projekt hat sieben Filialen und führt eine eigene Bank. Der „Eulachtaler" in Winterthur, der „NetzBon" in Basel und „Le Farinet" im Wallis sind weitere Regionalwährungen in der Schweiz. Sie alle wollen den Einkauf in der Region mit seinen sozialen und ökologischen Vorteilen fördern.

Neue Wohnformen

Nachdem sich nach dem 2. Weltkrieg das Einfamilienhaus seinen Platz erobert hat und seit ein paar Jahren das verdichtete Wohnen gefördert wird, entstehen zurzeit vielerorts Wohnformen, welche ein umweltfreundliches und soziales Miteinander fördern wollen.

Die Errichtung von sogenannten „Sozialwohnungen" gab es schon lange. Sie sind vom Staat subventionierte preisgünstige Wohnungen für wenig Verdienende. Darüber hinaus konzentrieren sich neue Wohnformen in jüngster Zeit vor allem auf Lebensqualität, Förderung des sozialen Zusammenseins und ökologischen Lebensstil. Autos sind oft nicht zugelassen. Gemeinschaftsräume laden zu Kontakten ein. Oft ist eine gute Durchmischung der Generationen angestrebt.

Ein eindrückliches Beispiel ist die „Genossenschaft Kalkbreite" in Zürich[31]. Sie stellt 97 Wohnungen und viele Gewerberäume zur Verfügung. Weitere sind geplant. Eine ausgewogene soziale Durchmischung wird angestrebt. Auf dem Wohnungsmarkt Benachteiligte werden gefördert.

Gemeinnützige Start-Ups

Ganz ohne viel Aufsehens in der Öffentlichkeit eröffnen vor allem junge Leute Start-Ups, die ihren Schwerpunkt nicht in erster Linie auf Profit setzen, sondern auf den sozialen Nutzen.[32] Sie wollen unternehmerisches Handeln mit sozialem Denken in Einklang bringen. Hier entstehen nicht nur neue Unternehmen, sondern auch eine neue Geisteshaltung mitten im System einer gewinnorientierten Wirtschaft.

Alle diese Projekte haben einen gemeinsamen Hintergrund: ein verfeinertes, erweitertes Bewusstsein. Nicht mehr das Ich mit seinen Bedürfnissen steht im Vordergrund, sondern das Wir im umfassenden Sinn. Die Welt wird nicht mehr als ein objektiver Gegenstand gesehen, dem wir gegenüberstehen, den wir nutzen und ausbeuten. Wir beginnen, uns selber als Teil des Ganzen zu sehen. Konsumkritisches und ökologisches Denken wächst. Der Umgang mit Menschen und Tieren ist sensibler geworden. Die Suche nach Sinn zeigt sich an den vielen Kursen von Meditation, Yoga, Tai Chi und andern ganzheitlichen Übungsformen.

Natürlich sind es noch kleine Kreise, die so

denken, empfinden und handeln, und die destruktiven Kräfte wirken noch mit Wucht. Doch Entwicklungen haben immer in kleinen Gruppen begonnen. Eine nüchterne, mutige Zuversicht ist berechtigt.

Neue Wege für politisches Handeln

Die neuen technischen Möglichkeiten im Bereich Kommunikation sind gewaltig. Wirtschaft und Politik nutzen sie längst. Wir alle können diese Medien nutzen, um unseren gesellschaftlichen und politischen Anliegen Stosskraft zu geben.

Die Probleme werden durch die Globalisierung zunehmend komplexer. *„Global denken, lokal handeln"* war die Devise der Grünen. Das bleibt richtig, doch es genügt nicht mehr. Auch globales Handeln ist gefragt. Mit nationalen Massnahmen allein sind die Anforderungen unserer Zeit nicht mehr zu bewältigen. Zu sehr sind die Wirtschaftsstrukturen ineinander verwoben.

Wir müssen uns öffnen für die Tatsache, dass unser Leben immer mehr von internationalen Zusammenhängen bestimmt wird. Viele Medien geben uns die Mittel in die Hand, internationale Verknüpfungen zu erkennen und auf globaler Ebene Einfluss zu nehmen.

Über Grenzen hinweg kommunizieren

Zu allen politischen Bereichen bestehen im Internet Foren, die geeignet sind, über Grenzen hinweg politische Themen zu erörtern. In der deutschen Plattform Politforen.net[33] ist eine grosse Zahl davon zu finden. Die Diskussion wird in deutscher Sprache geführt. Das Diskussionsniveau ist nicht immer überragend, aber durch kritische Auswahl und eigene Beiträge lässt sich das beeinflussen. Auch eigene Foren können eingerichtet werden.

In Foren deutscher Sprache sind wir auf deutschsprechende Menschen begrenzt. Eine Plattform in Englisch, die Kontakte aus allen Ländern ermöglicht, ist Politicalforum.com. Auch hier ist aktive Teilnahme zu den behandelten Themen möglich, auch hier können eigene Themen eröffnet werden.

Menschen mobilisieren

Ein wunderschönes Beispiel, wie dank sozialer Medien kreative Kräfte geweckt werden können, ist die schwedische Schülerin Greta Thunberg. Sie löste durch ihren „Klimastreik" die Klimabewegung der jungen Leute aus. Dank Social Media wurde sie in Kürze weltweit bekannt. Sie konnte ihr Anliegen inzwischen bereits in Gremien der UNO und am Weltwirtschaftsforum vorstellen. Sie findet Nachahmung bei Tausenden von Schülern und Schülerinnen in aller Welt.

Ein anderes Beispiel ist der Hashtag #Me Too. Jahrzehntelang duldeten von männlichen Strukturen abhängige Frauen sexuelle Belästigung. In einer von Männern dominierten Justiz war erfolgreiches Einklagen schwierig. Dank sozialer Netzwerke entwickelte sich der Protest in kurzer Zeit zur weltweiten und einflussreichen Bewegung.

Facebook bietet Möglichkeiten kreativer Kommunikation, die alles Bisherige übertreffen. Hundert Vereinsmitglieder, die ein Video an je hundert Freunde weiter schicken, erreichen, wenn diese es teilen, zehntausend Personen. Eine Organisation kann das systematisch nutzen. Die bedenklichen Seiten von Facebook sind durchaus zu beachten. Doch mit der nötigen Vorsicht können wir es brauchen, um unsere Anliegen zu verbreiten und weit reichende Wirkung zu erzielen.

Eine eigene Petition lancieren

Regionale und internationale Plattformen stehen uns zur Verfügung, um bei Kampagnen mitzuwirken oder auch eigene zu lancieren. WeCollect[34] bietet sich in der Schweiz an, um Initiativen und Referenden zu starten. Die Plattform hatte auf dem politischen Parkett schon einige Erfolge. So sammelte sie zum Beispiel erfolgreich Unterschriften für die „Korrekturinitiative" gegen Waffenexporte in Bürgerkriegsländer. Auch Campax[35] ermöglicht Kampagnen auf schweizerischer Ebene. Jede und jeder von uns kann es nutzen. Eine bedeutende deutsche Plattform ist openPetition[36].

Für internationale Petitionen eignet sich das bereits weit verbreitete Avaaz[37]. Avaaz will nach eigenen Angaben Bürgerinnen und Bürger weltweit mobilisieren, *„um gemeinsam die Lücke zwischen der Welt, die wir haben, und der Welt, die sich die meisten Menschen überall wünschen, zu schliessen"*.[38] Meist wird bei Avaaz nur die Einladung zu unterschreiben wahrgenommen. Doch auch hier können eigene Petitionen lanciert werden.

Wissen steht zur Verfügung

„Wikipedia" und ihre Geschwister[39] gingen voraus: Wissen wird in unentgeltlicher Zusammenarbeit vieler Menschen in aller Welt gesammelt, entwickelt und zur Verfügung gestellt. So entstehen von kommerziellen oder politischen Interessen unabhängige Quellen, die fast das ganze Wissen der Welt zugänglich machen. Wikipedia ist unabhängig von Politik und Wirtschaft, über Manipulationsversuche wird eifrig gewacht. Jede und jeder ist eingeladen, selber Artikel über ein Stichwort zu schreiben.

Viele Universitäten beginnen, ihre Forschungsergebnisse frei zugänglich zu machen. Die Technische Universität Berlin hat bereits eine Strategie für diesen „Open Access" entwickelt[40]. Open Access befreit das Wissen aus der Abhängigkeit von Internet-Konzernen und von Zwängen der Rendite. Es steht uns allen zur Verfügung.

Machtzentren umgehen

Blockchain[41] ist eine Technologie, um Machtzentren zu umgehen. In einem Netzwerk haben alle Teilnehmenden die Möglichkeit, direkt miteinander Handel zu betreiben, ohne dass eine Bank einbezogen werden muss. Zurzeit geht es vorwiegend um Geldtransfer, doch die Technologie ist offen für viele Anwendungen. Blockchain könnte bald einmal ein neuer Weg zu politischem Kommunizieren und Handeln werden.

Die bekannteste Anwendung ist der Bitcoin, ein Geld, das ausserhalb der regulären Kanäle kreist. Dass auch Missbrauch dieses Systems möglich ist, wird gerade am Bitcoin deutlich. Die Blockchain-Technologie ist ein Werkzeug, das gut oder schlecht gebraucht werden kann.

Die Welt mitgestalten

Das Naheliegendste und Notwendigste ist wohl, dass wir nicht in bestehenden Meinungen und Handlungsweisen erstarren, sondern dass wir im Zug Richtung Zukunft mitreisen, denn nur so werden wir ihn steuern können. Zwar brauchen wir eine kritische Einstellung allen Machtkonzentrationen wie Google, Facebook und ähnlichen gegenüber. Doch wir können sie auch für sinnvolle Anliegen benützen. Defaitismus ist nicht angesagt. Wir haben Möglichkeiten, die Welt mitzugestalten.

Greta Thunberg sagt es so: *„Mein eigener Protest, der rasch Nachahmung in aller Welt gefunden hat, zeigt, dass niemand zu unbedeutend ist, um etwas zu bewegen."*[42]

Zuversicht?

Alle diese politischen und sozialen Vorgänge folgen sich in grosser Geschwindigkeit. Neuerungen überstürzen sich. Erstreckten sich Veränderungen früher über Jahrhunderte, rechnet der technische Fortschritt heute in Jahrzehnten, sogar in Jahren. Reflexion und Regulierung hinken oft hinter den Entwicklungen her. Der Beschleunigung standzuhalten, erfordert grosse Anstrengungen.

Wo Not auftaucht, zeigen sich meist auch neue Lösungen. Genau das erleben wir heute. Die Bedrohung ist gross, die konstruktiven Initiativen sind es auch. Leichtfertiger Optimismus ist verfehlt. Doch Zuversicht, verbunden mit der Bereitschaft, im einen oder andern Bereich selber etwas beizutragen, ist durchaus berechtigt.

4. Teil: Konkrete Fragen zu Politik und Gesellschaft

Im vierten Teil sollen nun konkrete Fragen zu Gesellschaft und Politik beleuchtet werden. Was im dritten Kapitel als Vision einer integralen Gesellschaft beschrieben wurde, soll heruntergebrochen werden auf die konkreten Fragen des politischen Alltags.

Die Auswahl der Themen und ihre Reihenfolge sind dabei willkürlich. Die Texte erheben nicht den Anspruch, die Situation unserer Zeit abzubilden. Sie sind eine Auswahl aus den vielen Fragen, die uns heute beschäftigen.

Die Texte spiegeln mein persönliches Verständnis. Andere würden andere Akzente setzen. Die Kapitel sind deshalb nicht im Sinn von fertigen Rezepten zu verstehen. Rezepte sind in der Politik nicht hilfreich. Nur wer mitten im Geschehen steht, kann ins Auge fassen, was in der konkreten Situation angesichts der eigenen Ressourcen getan werden soll und getan werden kann.

Wer integral denkt, versucht, ein Phänomen von allen Seiten zu beleuchten. In diesem Sinn ist Ausgewogenheit gefragt. Doch wenn alle Aspekte gewürdigt sind, gibt es kein Zaudern. Dann sind klare Entscheide gefragt. Nicht brav, ausgewogen, sanft sollen die Stellungnahmen sein, sondern klar, würzig und engagiert.

Die 17 Beiträge dieses Kapitels wollen eine Hilfestellung sein zur Einübung ins integrale Denken und Handeln.

Wir können es – wollen wir es?

Die Biotechnologie begnügt sich nicht damit, das genetische Erbgut des Menschen zu kennen, sie ist daran, es zu verändern. Das Genom des Menschen wurde 2003 entziffert. Wir wissen, wie sich unser Körper von der befruchteten Eizelle bis zum erwachsenen Menschen aufbaut. Und inzwischen können wir den Gencode auch umschreiben.

Vieles ist bereits im Gang. Mikrochips werden in den Körper eingepflanzt, die es ermöglichen, Geräte mit Gedanken zu bedienen. Querschnittgelähmte steuern rein gedanklich einen elektrischen Rollstuhl. Wer seine Hand verloren hat, bekommt eine künstliche und kann sie mit seinen Gedanken bewegen. Wer will sich gegen solchen Fortschritt wehren!

Kranke Gene werden beim Embryo gegen gesunde ausgetauscht. Das ist hilfreich, aber wie weit werden wir gehen? Es wird auch möglich sein, die Augenfarbe, die Körpergrösse, die Musikalität, die Intelligenz eines Babys zu wählen. Werden wir der Versuchung widerstehen, dies zu tun?

Wenn wir solche Veränderungen zulassen, was wartet uns dann? Neue Menschen mit Superintelligenz? Und wie geht es jenen, die sich das finanziell nicht leisten können?

Die gleichen Fragen stellen sich auch in andern Bereichen. Wir können zum Mars reisen – wollen wir so viel Geld dafür aufbringen? Wir können selbstfahrende Autos bauen – fördert das unsere

Lebensqualität? Wir können das „Internet der Dinge" umsetzen – brauchen wir es?

Es ist wichtig, dass wir die Forschung nicht unnötig mit Einschränkungen strangulieren. Angst vor Neuem gab es immer. Als die Eisenbahn mit 20 km/h durch die Gegend „raste", schien das der Bevölkerung gefährlich.[43]

Sich freuen, wenn Neues möglich wird. Es prüfen: Lohnt sich der Aufwand? Wem kann das Neue dienen? Wiegt es die Nebenwirkungen auf? Gibt es genügend Kontrollorgane, die das Vorgehen steuern können? Vielleicht brauchen wir ein Moratorium, bis wir Gewissheit haben. Weder grundsätzliche Ablehnung des Neuen noch blauäugiger Fortschrittsglaube dient dem Ganzen.

Wie gehen wir mit Differenzen um?

Gegensätzliche Positionen sind in der Politik die Regel. Die Traditionen sind verschieden, die Interessenlage ist in jeder Partei anders. Differenzen sind zu erwarten und soweit in Ordnung. Die Frage ist, wie man mit ihnen umgehen will.

Ein häufig begangener Weg ist das Ausspielen von Macht: Eine Partei nutzt die politische Überlegenheit, um den eigenen Standpunkt durchzusetzen. Dies ist ein sehr fragwürdiger Weg. Er lässt das Anliegen der Gegenpartei ungelöst. Diese werden sich wieder störend einbringen. Und der Vorgang hinterlässt frustrierte Bürgerinnen und Bürger, die sich nicht gehört fühlen.

Ein anderer Weg ist der Kompromiss. Man wählt das, worauf sich alle einigen können. Das ist besser und heute weitgehend üblich. Doch auch der Kompromiss bringt ein Problem mit sich: Man einigt sich auf eine Lösung auf tiefstem Niveau, auf dem Niveau, zu dem sich alle noch einigermassen durchringen können. Der Konflikt wird in seinen Grundfragen nicht gelöst.

Ein dritter Weg ist, neue, kreative, unerwartete Lösungen zu finden. Dafür muss allerdings ein geeigneter Rahmen geschaffen werden. Ein auf Kampf eingestelltes Parlament ist dazu wohl kaum imstande. Neben der Debatte müsste der Fantasie ein Platz zustehen. Kreativitätsfördernde Gesprächsformen wären einzuführen. Humor, Arbeitslust, Leichtigkeit könnten mehr zustande bringen als eine Woche Kampf. Im zivilen Bereich haben sich solche Arbeitsweisen teilweise schon durchgesetzt.

Scheint uns das im Rahmen der politischen Vorgänge unmöglich? Das würde aufzeigen, wie festgefahren unsere Vorstellungen von Politik sind. Im Parlament und in den Parteien sitzen Menschen, und Menschen sind grundsätzlich lernfähig.

Links und rechts ergänzen sich

Die Politik spaltet sich üblicherweise in Gegensatzpaare. Das meistgenannte Gegensatzpaar ist Rechts und Links.

– Die Rechte tritt für die Mündigkeit des Individuums ein. Der Staat soll sich nicht in seine Privatangelegenheiten einmischen. – Die Linke tritt für Gerechtigkeit ein. Individuen müssen daran gehindert werden, andere auszunutzen und zu benachteiligen.

– Die Rechte baut auf Eigenverantwortung. Diese gibt dem Menschen Antrieb, etwas zu leisten. – Die Linke will, dass der Staat dafür sorgt, dass den Schwächeren geholfen wird.

– Die Rechte will offene Grenzen für Gütertransporte. Das fördere den Wohlstand. – Die Linke will das Gewerbe des Landes und die regionale Kultur schützen, denn Leben spielt sich in überschaubaren Räumen ab.

Wer hat nun recht? Wer die Positionen unbefangen anschaut, muss beiden recht geben. Es handelt sich um Gegenpole, nicht um unauflösbare Gegensätze. Noch mehr: Wenn wir genau hinschauen, degeneriert der eine Wert sogar[44], wenn der Gegenwert fehlt:

– Eigenverantwortung ohne Solidarität führt zum Recht des Stärkeren – Sozialhilfe ohne Eigenverantwortung lähmt und entmutigt.

– Deregulierung ohne Regeln führt zur Macht von wenigen – einengende Regulierungen lassen Initiativen in Bürokratie ersticken.

– Globalisierung ohne Regionalisierung führt zu Demokratieverlust und kulturellem Einheitsbrei – Regionalisierung ohne Globalisierung nabelt ab.

Eine integrale Politik geht davon aus, dass in den meisten Konflikten beide Parteien in ihrem Grundanliegen recht haben. Sie nimmt alle Positionen vorurteilsfrei zur Kenntnis, würdigt sie und bindet ihre konstruktiven Beiträge in die eigene Stellungnahme ein.

Es brodelt in der Suppe

Haben Sie nicht auch das vage Gefühl, es rumore in unsern Ländern? Eine Unzufriedenheit, eine Anspannung, eine Wut breite sich aus? In Frankreich ist es in der Bewegung der gelben Westen offen ausgebrochen. In der Schweiz brodelt es noch unter der Decke, doch wer sich in den Kommentaren der Social Media umschaut, findet dort eine Gehässigkeit, wie wir sie bisher nicht gewohnt waren. Im Fussballstadion entlädt sich nicht nur die Begeisterung für den eigenen Club, auch zugrundeliegende Spannungen toben sich hier aus. In der Politik zeigt sich die Unzufriedenheit im Populismus. Er lockt Unzufriedene an und feiert Erfolge. In Brasilien ist es soweit, dass ein Mann zum Präsidenten gewählt wurde, der offen Hass und Gewalt befürwortet.

Auch die Klimabewegung, die durch unsere Länder zieht, ist eine Form des Protests, allerdings eine friedliche und einem weltweiten Anliegen dienend. Auch sie zeugt von Unzufriedenheit, Ungeduld und Kampfansage.

Die Revolte in Frankreich entzündete sich am Benzinpreis, doch die Wut richtet sich gegen alles, was zum „Establishment" gehört. Dieselbe Auflehnung gegen das Establishment brachte Donald Trump ins Weisse Haus. Die Populisten nehmen die Asylsuchenden zum Gegenstand ihres Hasses, doch auch Sozialabhängige, Fahrende und Klimabewegte sind ihnen Ziel. Der Gegenstand des Hasses ist offenbar diffus, auswechselbar. Es ist unübersehbar: Es brodelt in der Suppe.

Spannungen gibt es genug, welche die Wut nähren und auch einmal das Fass zum Überfliessen bringen können. Da ist die Kluft zwischen den sich schamlos bereichernden Millionären und Milliardären und den sich dauernd nach der Decke streckenden Bedürftigen. Die Kluft zwischen jenen, die einen Klima-Notstand verschulden, und jenen, die unter Dürre, Unwetter und Überschwemmungen leiden. Und die Kluft zwischen unsern wohlhabenden Ländern und den Ländern in Armut.

Die Zeit drängt. Soziale Spannungen stauen sich oft lange auf, doch irgendwann bricht die Empörung durch. Und dann haben es konstruktive Lösungen schwer.

In der Regel lösen sich aufgestaute Spannungen in gewaltsamer Revolution oder in einem Krieg. Das zu vermeiden, ist vordringliches Ziel. Militärische Aufrüstung und starke Polizeipräsenz genügen nicht. Die Ursachen der Spannungen müssen behoben werden: Ungleichheit, Ungerechtigkeit, Demütigung und vor allem das damit verbundene Gefühl, keine Zukunft zu haben.

Es geht mir nicht darum, Angst zu machen. Ich glaube an das Gute im Menschen und dass er zu Lösungen fähig ist. Wachsamkeit, Umsicht, kritisches Beobachten des sozialen und politischen Geschehens ist ebenso angesagt wie Vertrauen, Engagement und Mut.

Eine Kultur der Achtsamkeit

Vor Jahren gab es eine kleine Schrift mit Namen „Der Papalagi"[45]. Ein Südseehäuptling beschreibt darin den „weissen Mann", eben den Papalagi, wie folgt:

„Es gibt in Europa nur wenige Menschen, die wirklich Zeit haben. Vielleicht gar keine. Daher rennen auch die meisten durchs Leben, wie ein geworfener Stein. Fast alle sehen im Gehen zu Boden und schleudern die Arme weit von sich, um möglichst schnell voranzukommen. Wenn man sie anhält, rufen sie unwillig: ‚Was musst du mich stören; ich habe keine Zeit, siehe zu, dass du deine ausnützt'."

Ob die Schrift wirklich von einem Südseehäuptling stammt, können wir offen lassen. Doch die Schilderung ist anschaulich. Wir gehen wirklich meist aktiv, zielgerichtet, willensgesteuert durch den Tag. Und sind stolz darauf, wir haben es ja so auch zu etwas gebracht.

Wenn wir uns aber auch andern Erfahrungen öffnen wollen, dem Reichtum der inneren Welt, der Inspiration, der Fantasie, der Kunst, müssen wir uns querstellen zu vielem, was heute üblich ist. Der inneren, sinnspendenden Dimension des Lebens einen festen Platz einzuräumen, erfordert Distanz zu Verhaltensweisen, die unsere Kultur prägen. Es erfordert eine Lebensweise, die uns heute ziemlich abhandengekommen ist.

Es geht dabei darum, eine empfangende Haltung zu pflegen: zur Ruhe kommen, aufnahmebereit sein, die vielen Anregungen der Aussenwelt

71

feinfühlig wahrnehmen, auf die feinen Impulse im Innern achtsam reagieren.

Viele von uns leben es, haben es schon gelernt. Kurse in Achtsamkeit, Meditation, gewaltfreier Kommunikation sind gut besucht. In England und Irland ist Achtsamkeit Schulfach. Aus solchen Anfängen könnte eine neue Kultur entstehen. Eine Kultur der Achtsamkeit, die einer gehetzten und gewaltgeplagten Welt Frieden bringen kann.

Wie demokratisch ist die Demokratie?

Als 1848 in der Schweiz das demokratische Staatswesen eingeführt wurde, ging es darum, die Macht auf alle zu verteilen. Nicht mehr der Adel sollte dominieren, sondern die Gesamtheit aller Bürger (die Frauen wurden dabei allerdings vergessen). „Ein Mann, eine Stimme" war die Parole.

Die Schweiz gilt als besonders demokratisches Land. In der Tat haben wir mit der direkten Demokratie ein starkes Mittel, um dem Volk die Macht zu sichern. Wir können über vieles diskutieren, Initiativen ergreifen, abstimmen. Ich möchte diese Demokratie nicht missen.

So ganz demokratisch ist die Schweiz allerdings nicht. Die Demokratie ist von mehreren Seiten her in Frage gestellt. Wirtschaftsnahe Parlamentarier stimmen oft nicht im Interesse des allgemeinen Wohls, sondern im Sinn der Firmen, in deren Verwaltungsrat sie sitzen. Bei der Parteienfinanzierung fehlt Transparenz. Finanzstarke Konzerne und Parteien üben mit teuren Kampagnen Einfluss aus und gefährden so das Chancengleichgewicht der Parteien.

Doch viel bedeutender ist, dass die ganze Wirtschaftswelt nicht demokratisch ausgerichtet ist. Die Unternehmen sind in der Regel hierarchisch gegliedert. Der Chef ist nicht von der Basis gewählt, doch er befiehlt. Grundlegende Entscheidungen werden zwar von der Versammlung der Aktionäre demokratisch legitimiert, doch die ganze Belegschaft eines Unternehmens, die am meisten davon betroffen ist, wird nicht einbezogen. Ein Verwaltungsrat, der irgendwo in der Welt tagt, kann einen Betrieb schliessen oder verkaufen, ohne dass die Belegschaft Mitsprache hat. Betriebe, die wirtschaftsdemokratisch funktionieren, gibt es zwar. Doch sie sind eine Nische im Ganzen der Wirtschaft.[46]

Damit ist das Grundanliegen der Demokratie, die Verteilung der Macht auf alle, in zentralen Bereichen nicht umgesetzt. Natürlich ist es ein komplexer Weg, die Wirtschaft zu demokratisieren. Es darf ja daraus nicht ein System entstehen, das die Eigenmotivation schwächt. Es soll nicht ein Rückfall ins kommunistische System sowjetischer Prägung sein. Es braucht in einer Unternehmung initiative Führungspersonen, effiziente Leitungsstrukturen. Führung ist nicht undemokratisch, soweit sie demokratisch legitimiert ist.

Minimalanforderung an eine wirkliche Demokratie ist, dass alle mitbeteiligt sind an Entscheidungen, die sie betreffen. Nicht nur im Staat, auch in der Wirtschaft. Bereiche, die alle Bürgerinnen und Bürger betreffen, dürfen nicht dem Belieben der Besitzenden unterstehen.

Eine Demokratie im Vollsinn des Wortes gibt es noch nicht. Sie bleibt vorerst Vision, doch, wie schon gesagt: Visionen leiten die konkreten Schritte. Jeder Schritt, der in Richtung dieser Vision geht, ist zu begrüssen.

Hat das Volk immer recht?

Die Wirtschaft produziert nichts, was keine Aussicht hat, verkauft zu werden. Die Konsumenten und Konsumentinnen entscheiden. Das entspricht den Grundsätzen der Demokratie. Wenn die Mehrheit der Bevölkerung findet, grosse, benzinfressende Autos seien richtig, dann sollen sie eben produziert und verkauft werden, logisch. Etwas dagegen?

Ja, ich habe etwas dagegen. Weil die Mehrheit der Bevölkerung ihre Kauflust an ihren eigenen Prinzipien vorbei lebt. Sie sind für Umweltschutz, fliegen aber bedenkenlos in der Welt herum. Sie wollen weniger CO_2-Ausstoss, kaufen aber notorische Benzinfresser. Sie finden es schade, dass kleine Bio-Läden eingehen, kaufen aber bei Grossverteilern ein. Sie sind gegen Antennen im Quartier, brauchen aber ihr Handy. Sie wissen, dass viele Textilien unter ausbeuterischen Umständen entstehen, scheuen aber die Mühe, sich nach andern Einkaufsmöglichkeiten zu erkundigen.

Ich meine das nicht als Anschuldigung. Ich selber klage mich gelegentlich der Inkonsequenz an. Aber die Frage ist: Was soll nun gelten in der Gesetzgebung? Das, was die Leute für richtig halten, oder das, was sie im Alltag praktizieren?

Die Mehrheit hat in der Vergangenheit viel Unrecht geschaffen: Hitler zugejubelt, das Frauenstimmrecht verweigert, Fahrende unterdrückt. Zudem ist die Mehrheit oft unberechenbar. Sie richtet sich nach kurzfristigen und emotionsgeladenen Ereignissen. Ein Hype baut sich rasch auf und klingt ebenso kurzfristig wieder ab. Er ist oft von Emotionen, auch von bewusst geschürten, gesteuert.

Beides scheint unvereinbar zu sein: das demokratische Recht der Mehrheit und die Gewährleistung grundlegender Werte. Beidem muss aber in einer Demokratie in einem abwägenden Prozess Rechnung getragen werden.

Eine erste Stütze ist die Verfassung. Sie wird meist mit Zweidrittels-Mehrheit beschlossen und kann nicht leichtfertig geändert werden. Wichtig wäre für die Schweiz in diesem Zusammenhang ein Verfassungsgericht, welches das Parlament hindern könnte, sich über die Verfassung hinwegzusetzen.

Eine zweite Sicherung bieten internationale Konventionen. Wenn der Staat durch diese langlebigen Verträge gebunden ist, sind kurzlebige, affektgetriebene und manipulierte Entscheidungen weniger wahrscheinlich.

Und das Wichtigste ist wohl: die Grenzen der Demokratie erkennen und sie messen an Werten wie Gerechtigkeit, Minderheitenschutz und Fairness.

Die Mathematik der Demokratie

Ich habe sechzig Jahre lang mit ganz wenigen Ausnahmen an den Volksabstimmungen teilgenommen. Nie gab meine Stimme den Ausschlag. Es wäre genau das gleiche Resultat herausgekommen, wenn ich daheim geblieben wäre. War es dumm, so treu dabei zu sein? Nein, denn wenn alle so dächten, wäre dies das Ende der Demokratie. Das demokratische Verständnis sagt: Ich habe so gehandelt, wie es einem reifen Mitglied der demokratischen Gesellschaft angemessen ist.

Ein anderes Beispiel wurde vor ein paar Jahren in der Schweiz diskutiert: Der damalige Bundesrat Adolf Ogi empfahl der Bevölkerung, beim Eierkochen die Pfanne nur drei Finger hoch zu füllen. Das habe die gleiche Wirkung wie eine volle Pfanne und spare Strom. Viele fanden das spassig. Abgesehen davon, dass eine wissenschaftliche Studie dahinter stand und abgesehen von der Symbolwirkung der Aktion: Wenn viele einen kleinen Effekt erzielen, ergibt das einen grossen.

Zurzeit wird in der Politik diskutiert, wieweit die Schweiz Treibstoff besteuern soll, um den schädlichen Klimaeffekt von CO_2 zu verringern. Gegner der Klimapolitik monierten, der Beitrag der Schweiz verursache nur ein Promille des weltweiten Ausstosses. Da sei der Aufwand doch zu gross. Doch was, wenn alle Nationen so denken?

Eigentlich sind Menschen erst reif für die Demokratie, wenn sie mehrheitlich diese „Mathematik der Demokratie" verstehen und in die Praxis umsetzen.

Müsste sie nicht in der Schule gelehrt werden? Müsste nicht von fähigen Pädagogen ein Lernprogramm entwickelt werden, das diese Kompetenz frühzeitig einübt?

Vegan ist „in"

Ist vegan eine vorübergehende Mode-Erscheinung? Vielleicht auch. Doch es schwingen viele Themen mit, wenn Menschen beginnen, den Fleischkonsum zu verweigern.

Die heutige Tierhaltung ist, wenn wir es global anschauen, brutal, ausbeuterisch, quälerisch. Daran gibt es keinen Zweifel. Tiere werden wie Gegenstände behandelt, völlig den Zielen der Produktivität untergeordnet. Doch Tiere sind empfindsam. Sie sind Lebewesen wie wir und haben Anspruch auf eine faire Behandlung.

Die Massenhaltung von Tieren, vor allem Rindern, schadet zudem dem Klima durch einen grossen Ausstoss von Methan, Lachgas und CO_2. Der Fleischgenuss ist auch für die Welternährung problematisch: Um ein Kilo Fleisch zu produzieren, muss ein Vielfaches an Ernährungswert für die Futtermittel aufgewendet werden. [47]

Eine eindrückliche Zahl von Menschen wechselt deshalb zu vegetarischer Ernährung. Veganer und Veganerinnen sind noch radikaler: Sie verweigern auch, Produkte von Tieren wie Milch und Eier zu essen. In der Schweiz erklärten sich 2017 11% als vegetarisch und 1,5% als vegan. [48]

Im Sinne des integralen Denkens sind wir uns gewohnt, jeweils auch die Gegenseite einer Frage anzuschauen. Dass ein Lebewesen vom andern leben muss, ist wesentliches Merkmal der Evolution. Fleisch zu essen, ist in diesem Sinn für uns Menschen normal.

Wir stehen vor einer typischen Polarität: Auf der einen Seite gehört es zu unserer Welt, dass ein Lebewesen dem andern als Nahrung dient – auf der andern Seite hat dieselbe Evolution uns Zugang gegeben zu Werten wie Güte und Mitgefühl. Zwischen diesen beiden Polen suchen wir als einzelne unsern Weg. Doch auch das politische Ziel darf nicht vergessen werden: Es braucht nationale und internationale Regeln, welche die grausame und ausbeuterische Tierhaltung verhindern.

Von der Lust, Feinde zu haben

Feindbilder sind wunderbar! Sie entlasten uns von der Aufgabe, uns mit den mühsamen Details herumzuschlagen. Jemand ist der Böse, und damit fertig. In der Politik vereinfachen Feindbilder das oft undurchschaubare Geschehen. Und in der Nachbarschaft stärken sie das Zusammengehörigkeitsgefühl der Wohlgesinnten. Wer einmal ein „Feind" ist, auf den können wir getrost lostreten.

Wenn eine Regierung Krieg führen will, baut sie Feindbilder auf. Der Gegner muss zum Monster werden, sonst ist das Volk nicht zum Krieg motiviert, und die Soldaten kämpfen zu zögerlich.

Die Russen bewähren sich seit etwa hundert Jahren als politische Feinde. Aber auch der Iran, Nordkorea, China gehören dazu. In den USA heissen sie Schurkenstaaten. Sie müssen möglichst schwarz dargestellt werden, dann kann man sie bei Gelegenheit mit gutem Gewissen militärisch angreifen.

Feindbilder konzentrieren sich auch gerne auf Personen: Assad, Erdogan, Putin, Kim, auch Trump. Da muss man ja gar nicht mehr hinschauen. Man weiss es ja! Auch diese Feindbilder fördern im Ansatz Krieg.

Natürlich gibt es Feindbilder auch in unserem privaten Kreis. Wenn mein Nachbar mich regelmässig mit seinem Laubblas-Monstrum ärgert, verliere ich jedes Mass und entwickle Hass. Und vergesse, ihn aus seiner Perspektive zu verstehen.

Solche Feindbilder gründen zwar meist in Tatsachen. Doch in ihrer Einseitigkeit sind sie ungerecht und heizen Konflikte an. Die „Bösen" sind nicht nur böse. Baschar-al-Assad kämpft zwar gegen Teile seines eigenen Volkes, er ist aber auch gewählter Staatspräsident, der eine gegen ihn gerichtete Rebellion abwehrt. Recep Tayyip Erdogan setzt sich über alle Gesetze der Demokratie hinweg, aber er ist auch Speerspitze eines muslimischen Volkes, das offenbar zu früh mit westlicher Kultur eingedeckt wurde. Vladimir Putin geht sehr hart gegen die Opposition vor und er hat die Krim annektiert, aber er hat Russland wieder regierbar gemacht, nachdem es zu Jelzins Zeiten in zwei Lager zerfiel: ein paar Oligarchen hier, ein verarmtes Volk dort. Kim Jong Un ist gefährlich mit seinem Streben, Nordkorea eine Atommacht werden zu lassen, aber sein Volk sieht sich von allen Ländern ausgegrenzt und liebt ihn deshalb wie einen schützenden, wenn auch strengen Vater.

Viele, die wir als Terroristen beschimpfen, handeln vielleicht aus Verzweiflung über die unerträgliche Situation ihres Volkes und der Unmöglichkeit, sich anders Gehör zu verschaffen. Sogar die Verteufelung Hitlers läuft Gefahr, die Wirklichkeit zu verzerren: Es brauchte zu seinem Erfolg damals Abertausende von Deutschen, die ihn wählten und unterstützten. Und was Donald Trump betrifft – wollen Sie selber eine feindbildfreie Einschätzung versuchen?

Lebensqualität statt Wachstum

Fast alle politischen Parteien und vor allem die Wirtschaft streben nach Wachstum. Und sie drohen, Arbeitsplätze gingen verloren, wenn das Wachstum nicht dauernd weitergeht. Auch in den Medien wird der Zwang zum Wirtschaftswachstum kaum hinterfragt.

Dieser Einstellung entspricht, dass der grosse Teil der Bevölkerung auch im privaten Leben dem Wachstum huldigt: Immer weitere Ferienreisen, immer grössere und stärkere Autos, jedes Jahr ein neues Smartphone.

Wachstum ist an sich eine gute Sache, es ist ein Prinzip des Lebendigen. Jeder Organismus will zu seiner vollen Entfaltung kommen. Auch materielles Wachstum war lange Zeit nötig und ist es noch in notleidenden Ländern. Menschen wollen ernährt und mit Gütern versorgt werden.

Doch nun stösst Wachstum an eine Grenze. Schon 1972 betitelte der Club of Rome sein vielbeachtetes Buch mit „Grenzen des Wachstums". Heute wissen es auch Kinder: Wirtschaftswachstum zerstört unseren Planeten. Wir haben unsere Ressourcen schon weit übernutzt.

Das jetzt gültige Wirtschaftssystem kann ohne Wachstum nicht bestehen. Es muss deshalb verändert oder ersetzt werden. Auch wenn Wachstum in einer Übergangsphase nötig sein mag, um Arbeitsplätze zu retten, darf es doch nicht weiter Ziel sein. Arbeitsplätze zu retten ist gut, aber nicht zukunftsweisend. Denn es wird bald einmal keine

Vollbeschäftigung mehr geben.

Es braucht neue, kreative Lösungen. Eine davon ist die Trennung von Erwerbstätigkeit und Einkommen, damit auch Menschen ohne Arbeitsstelle in Würde leben können. Ein bedingungsloses Grundeinkommen[49] ist ein vielversprechender Ansatz.

Als zweites aber brauchen wir eine sinnvolle Selbsteinschränkung im Konsum materieller Güter. Wachstum ja, aber an Kreativität, an Lebensqualität, an sinnvollen Tätigkeiten. Überfluss, verbunden mit Wegwerfmentalität, brauchen wir dazu nicht.

Terror – die Gewalt der Schwachen

Es ist unbestritten, dass Attentate auf Zivilpersonen abscheuliche Taten sind, durch nichts zu rechtfertigen und nach Möglichkeit zu bekämpfen. Ich möchte hier aber auch auf die Kehrseite des Ganzen hinweisen. Sie hat eine lange Geschichte, und das wird oft vergessen.

Europäische Länder haben die islamischen Gebiete Jahrzehnte lang unter sich aufgeteilt, unterdrückt und wirtschaftlich ausgebeutet. Als die Kolonien frei wurden, verhalfen die gleichen Staaten mit Bestechung oder mit Gewalt korrupten Regierungen an die Macht, um die wirtschaftliche Ausbeutung auf diskretere Art weiterführen zu können. So blieben auch die rohstoffreichen Länder arm. Heute dauert die Ausbeutung durch internationale Konzerne, auch solche mit Sitz in der Schweiz, weiterhin an[50]. Dazu kommt in neuerer Zeit, dass die USA und ihre Verbündeten sich befugt fühlen, überall zu bombardieren, wo sie ihre Feinde vermuten. Die Menschen in diesen Ländern wissen nie, wann eine Bombe sie und ihr Haus zertrümmert. Sie verlieren ihre Angehörigen, die Wut wächst. Augenfällig ist, dass auch die Terroristen, die in unseren Ländern wohnen, meistens aus einer tristen Situation kommen und kaum Zukunftsaussichten haben. Die Einsicht drängt sich auf: Al Qaida und IS sind nicht nur die Ursache vieler Übel, sondern auch die Folge vieler Verfehlungen westlicher Staaten.

Barak Obama bahnte am 4. Juni 2009 in einer

wunderbaren Rede in Kairo einen Weg der Versöhnung mit den muslimischen Ländern an.[51] Er bekam dafür den Nobelpreis. Leider ist wenig daraus geworden. Doch es gibt langfristig wohl keine andere Lösung als den Versuch, Schuld einzugestehen und Versöhnung anzubieten. Mahatma Gandhi und Martin Luther King sind diesen Weg gegangen, mit Erfolg. Auch mit vermehrtem Einsatz von Polizei und Armee wird es nicht möglich sein, Selbstmordattentate zu verhindern. Sie werden umso häufiger, je stärker der Hass wächst. Ob und wie ein Weg der Versöhnung gangbar ist, ist noch eine offene Frage. Sicher aber führt er nicht über die Eskalation der Gewalt.

Die Zeit für kriegerische Heldenmythen ist vorbei. Ein Weg der Versöhnung muss angedacht werden. Wenn Staaten reife Menschen wären, ginge es so: Der Westen bietet den islamischen Ländern einen sofortigen, bedingungslosen Waffenstillstand an. Er erklärt die Bereitschaft, innert einer Frist sämtliche Armee-Einheiten samt Material aus ihren Gebieten zurückzuziehen. Er entschuldigt sich bei diesen Völkern für das angetane Unrecht und verspricht Hilfe beim Wiederaufbau zerstörter Gebiete. Er baut mittelfristig alle postkolonialen Ausbeutungs-Strukturen ab. Er lässt diese Länder ihre Probleme selber lösen.

Wiederum entpuppe ich mich als Phantast. Es wird kaum demnächst so geschehen. Aber der Weg geht in diese Richtung. Und Schritte, die in diese Richtung gehen, verdienen Unterstützung.

Das Klima
und eine politfreudige Generation

Der Klimastreik der jungen Generation hat vielen bewusst gemacht, dass wir Verantwortung für die Zukunft tragen. Auch wenn es mit der Umsetzung noch hapert, so kann die neue Einstellung doch langsam, aber unaufhaltsam zu neuem Verhalten führen: Menschen werden Flüge reduzieren, den Individualverkehr begrenzen, nachhaltige Geräte und nachhaltig produzierte Lebensmittel einkaufen, weniger Fleisch essen, reparieren statt wegwerfen.

Auch in der Wirtschaft haben schon viele begriffen, dass neue Aufgaben, aber auch neue Chancen auf sie warten und ein Treten am Ort letztlich gefährlich ist. Vieles tut sich: Erneuerbare Energie wird produziert, neue Speichermöglichkeiten werden entwickelt. Die Effizienz der Geräte wird verbessert, Hausmauern werden isoliert, Transportwege verkürzt. Auch hier haben wir alle die Möglichkeit, Einfluss zu nehmen: Die Industrie wird sich in dem Masse energiefreundlich entwickeln, als wir nachhaltige Produkte kaufen.

Bleibt noch die Politik. Auch hier bewegt sich schon einiges. Die Schweiz trägt internationale Vereinbarungen zum Klimaschutz mit. Sie ist entschlossen, ihren Beitrag zu leisten zum international anerkannten Ziel, die globale Erwärmung auf weniger als zwei Grad zu begrenzen. Seit 2008 wird auf fossilen Brennstoffen wie Heizöl oder

Erdgas eine CO2-Abgabe erhoben. Es gibt Emissionsvorschriften für Fahrzeuge, Gebäudedämmung wird subventioniert.

Doch im Parlament besteht Widerstand. Kurzfristige Wirtschaftsinteressen gehen oft vor. Parteistrategen streuen ihren Mitgliedern Sand in die Augen. Sind sie sich ihrer Verantwortung bewusst? Wir können Einfluss nehmen, indem wir Leute ins Parlament wählen, die gemeinsame Werte über ihre persönlichen Interessen stellen.

Die jungen Leute, die sich in der Klimastreik-Bewegung für eine aktive Klimapolitik einsetzen, entziehen sich dem Gezänk der politischen Parteien. Sie gestalten ihre Kundgebungen in Freude und Kreativität. Sie lehnen Gewalt ab, sie argumentieren sachlich und nachvollziehbar.

Wie bei allen grossen Bewegungen, geht es langsam voran. Doch gerade die sozialen Medien bieten dem Einzelnen und engagierten Gruppen Möglichkeiten, über Information oder Aktionen zur Bewusstseinsbildung beizutragen. Noch ist es möglich, die Katastrophe zu vermeiden oder doch zu minimieren. Allerdings drängt die Zeit.

Die knifflige
Frage nach dem Eigentum

Ein Ökonom wollte mit mir Gespräche führen über Theologie und Wirtschaft. Er erklärte mir, es gebe kein Problem mit dem Reichtum, denn die Reichen würden ja ihr Geld wieder investieren und so Arbeitsplätze schaffen. Ich fragte ihn, ob er es denn richtig finde, dass ein Reicher in einer millionenteuren Jacht über die Meere fährt, während anderen das Lebensnotwendige fehlt. Ja, das finde er richtig, meinte er, das gebe den Schiffbauern Arbeit. Doch, so fuhr ich weiter, da gebe es eine Diva, die von ihrem Freund zum Geburtstag einen perlenbesetzten Vibrator bekommen habe. Sei das nicht sinnloser Missbrauch der Ressourcen in einer von Armut bedrängten Welt? Nein, da hätten die Perlenfischer wieder Arbeit. Ich verzichtete auf weitere Argumentationen.

Gehen wir einmal vom Elementarsten aus. Grundsätzlich gilt, dass alle Menschen gleichen Anspruch auf die Güter dieser Welt haben. Es gibt kein Geburtsrecht auf Reichtum, es gibt keine Bestimmung zur Armut. Seit der Unabhängigkeitserklärung der USA gehört es zum Inventar einer Demokratie, dass alle Menschen gleiche Rechte haben. Ist es nicht seltsam, dass sich heute kaum jemand an einer Wirtschaftsordnung stört, die Ungleichheit nicht nur duldet, sondern zum Prinzip erhebt?

Das Eigentumsrecht ist kein absolutes Recht. Die heute übliche Verteilung der Güter ist kein

Menschenrecht, sie ist ganz einfach eine eingesessene Gewohnheit, das Produkt einer Wirtschaftsordnung, die sich eingenistet hat und die kaum mehr in Frage gestellt wird.

Zumindest lebensnotwendige Dinge wie Boden, Wasser und Luft dürfen nicht der Spekulation und der privaten Bereicherung ausgesetzt werden. Genossenschaften, Stiftungen und ähnliche Wirtschaftsformen, in denen der Gewinn allen zukommt, müssten ihren angemessenen Platz in der Wirtschaft bekommen.

Die Wirtschaftsstrukturen sind heute so international vernetzt, dass jede Änderung das ganze Gefüge erschüttern würde. Wir werden sie deshalb nicht so schnell ändern können. Doch die Vision einer Gesellschaft, in der alle am Reichtum der Welt teilhaben, dürfen wir uns nicht nehmen lassen. Das jetzige Wirtschaftssystem als schwer veränderbar anzusehen, ist realistisch, sie als das einzig richtige zu erklären, ist zynisch.

Flüchtlinge
und die Angst vor dem Fremden

Angst vor dem Fremden ist uns angeboren. Der Säugling lernt früh, das Gesicht seiner Mutter von anderen zu unterscheiden. Das Bekannte bedeutet Geborgenheit, das Fremde bedroht. Auch wenn wir kulturell über diesen Reflex hinausgewachsen sind und unterscheiden können, was echte Bedrohung darstellt und was nicht, der Reflex wird sich immer einmischen, wenn wir Angst oder Stress ausgesetzt sind.

Abwehr des Fremden zeigt sich heute vor allem in der Frage der Fluchtbewegungen. Grundsätzlich verstehen wir uns Menschen als eine Einheit, die miteinander von den Schätzen der Welt zehren wollen. Grundsätzlich wissen wir, dass Landesgrenzen künstlich sind. Grundsätzlich wissen wir auch, dass Europa jahrhundertelang die Herkunftsländer geplündert hat und dass die westliche Wirtschaft sie durch ihre Konzerne weiter plündert. Ethisch betrachtet, ist die Sache klar: Wir schulden den Flüchtenden, sie nach Möglichkeit aufzunehmen, vor allem aber mitzuhelfen, dass sie in ihren Ländern ein menschenwürdiges Leben führen können.

Vom Standpunkt der Vision ist der Fall klar. Und in der Umsetzung? Angela Merkel liess grosszügig eine riesige Zahl flüchtender Menschen ins Land. Für diese war das wunderbar. Die Situation löste aber in weiten Bevölkerungskreisen Angst aus. Angst, sie würden die Sozialdienste und die Arbeitsplätze beanspruchen, Angst, ihre nationale oder religiöse Identität könnte verloren gehen. Daraus entwickelten sich Hass und Gewalt. Rechtspopulistische Kreise profitierten davon. Und es ist eine berechtigte Frage: Wie viele Menschen könnten wir aufnehmen, ohne dass die Spannung in der eigenen Bevölkerung zu gross wird? Wird die Zuwanderung aufhören, bevor sie uns selber bedroht?

Eine umfassende Weltsicht, wie wir sie im integralen Denken suchen, wird beidem gerecht werden wollen: der Not der Menschen, die sich aus fremden Ländern zu uns retten, und dem Widerstand derjenigen, die dadurch in Angst geraten.

Das Problem ist komplex. Einem einfachen Ja oder Nein undifferenziert nachzukommen, ist nicht die Lösung. Anzustreben sind ausgewogene Lösungen. Das eine ist sicher eine grosszügige, effiziente Hilfe in den betroffenen Ländern selber. Dazu gehört natürlich auch, die Ausbeutung dieser Länder durch unsere Konzerne zu stoppen. Ein zweites ist es, die Kapazität der Aufnahmemöglichkeiten voll auszunützen. Ein drittes ist, alle jene, die bei uns Unterschlupf gefunden haben, als vollwertige Menschen zu behandeln.

Die Scham, ein Gutmensch zu sein

2015 wurde „Gutmensch" zum Unwort des Jahres gewählt. Die Wahl wurde mit dem Argument begründet, dass der Begriff die Hilfsbereitschaft pauschal als naiv, dumm und weltfremd diffamiere.

„Gutmensch" diffamiert effektiv Menschen, die sich ohne Eigennutz für etwas einsetzen, das ihnen am Herzen liegt. Ziel waren schon die Umweltbewegten, heute sind es vor allem jene, die sich für Flüchtlinge einsetzen. Doch jede Art von Engagement, von Einsatz für Gerechtigkeit kann Ziel sein.

Das Wort „Gutmensch" ist offensichtlich ein Abwehrmechanismus jener, die sich von der Uneigennützigkeit dieser Menschen in ihrem Selbstverständnis bedroht fühlen. Sie ersparen sich so eine Auseinandersetzung mit dem Thema. Oder sie entziehen sich der Kritik, wenn sie rassistische, sexistische oder homophobe Ansichten vertreten.

Doch auch hier gibt es eine Kehrseite des Themas. Gut sein kann auch mit dem Bedürfnis verbunden sein, sich moralisch besser als andere zu fühlen. Andere als unsozial, ungerecht, egoistisch abzustrafen, kann auch der Selbstgerechtigkeit dienen. Wer andere erniedrigt, steht selber höher da. Die Welt kann so klar eingeteilt werden in Gut und Böse; und böse sind natürlich immer die andern. Wenn wir uns für Gutes einsetzen, lohnt es sich, unsere Motive zu prüfen. Ich bin gern ein Gutmensch, wenn es bedeutet, dass ich mich für

Gerechtigkeit, Menschlichkeit, Versöhnlichkeit und Güte einsetze. Und es ist meine Aufgabe, zu prüfen, wieweit sich unsaubere Motivationen in meine Einstellung mischen.

Ist es naiv,
an eine andere Politik zu glauben?

Kürzlich schrieb ein Journalist, es sei naiv zu erwarten, dass Parlamentarier das Gemeinwohl suchen. Politik sei „sportlicher Wettbewerb unter Interessenvertretern". Faktisch ist diese Aussage wohl richtig. Doch wollen wir das?

Bilder sagen es manchmal besser als Argumente. Ich stelle mir vor, die Präsidenten aller Parteien sitzen um den Tisch. Jeder zieht an einem Zipfel des Tischtuchs, um die besten Häppchen zu erwischen. Das in der Hoffnung, es entstehe damit ein Gleichgewicht der Kräfte und das Geschirr bleibe schön brav auf dem Tisch.

Es ist auch eine andere Sicht möglich. Die Parteien decken zusammen den Tisch, jede Partei trägt ihre Spezialität dazu bei, und wir alle lassen es uns schmecken.

Ist das naiv? Dass das jetzige Parteiensystem ineffizient, wenn nicht sogar destruktiv ist, wird immer deutlicher. Statt gemeinsam nach Lösungen im Interesse des Ganzen zu suchen, wobei jede Partei ihren Beitrag einbringt, bekämpfen und schwächen sie sich gegenseitig. Für kreative Entwürfe gibt es kaum noch Mehrheiten. Ein Jahr von vieren geht verloren, weil die Parteien sich nicht mehr um Sachthemen kümmern, sondern um Stimmenfang. Wenn Parteien Menschen wären, müssten wir sie als kleinliche Egoisten bezeichnen, die sich gegenseitig blockieren.

Im Privaten folgen wir völlig andern Werten.

Güte, Fürsorge, Zusammenarbeit, Liebe zählen in Familie und Freundeskreis. Auch in vielen sozialen und politischen Gruppierungen werden diese Werte gelebt. Ist es naiv zu glauben, dass sie auch in der Politik möglich wären?

Ja, vielleicht ist es naiv. Vielleicht ist es aber einfach der Glaube an die Menschlichkeit des Menschen. Vielleicht zwingt uns bald die Not, unsere Kräfte zusammenzulegen, wieder die Werte der Kooperation, des solidarischen Suchens nach dem bestmöglichen Ausweg zu pflegen.

Was ich in diesen Zeilen schrieb, schrieb ich von Herzen. Das bedeutet nicht, dass es auch aus Ihrer Sicht richtig sein muss. Ich freue mich deshalb über Rückmeldungen, zustimmender oder kritischer Art. Meine Adresse:

wkaiser@bluewin.ch

Anhänge

Anhang A:
Pioniere integralen Denkens

Im Folgenden werden ein paar Denker vorgestellt, die zur integralen Weltsicht beigetragen haben.

Sri Aurobindo

Der indische Mystiker und Philosoph Sri Aurobindo (1872 – 1950) hatte schon früh darauf hingewiesen, dass das vorherrschende „mentale Bewusstsein" die kommenden Aufgaben des Menschen nicht mehr bewältigen könne, dass eine „neue Bewusstseinskraft" entstehen müsse. Er nannte sie „supramental".

Jean Gebser

Der Begriff „integrales Bewusstsein" wurde von Jean Gebser (1905 – 1973) geprägt. Er lebte in Wabern bei Bern. Hinter der evangelischen Kirche erinnert ein bescheidenes Denkmal an ihn. Anhand von unzähligen anthropologischen, mythologischen, linguistischen und kunsthistorischen Studien entwickelte er ein Modell der Bewusstseinsentwicklung in fünf „Strukturen":

- Das archaische Bewusstsein: Der Urzustand, in dem die menschliche Seele noch „bewusstseinsfern" war. Es gibt noch keine Trennung von Innen und Aussen. Ich, wir und die Welt bilden eine Einheit.

- Das magische Bewusstsein: Der Mensch wird sich der Welt bewusst. Er nimmt Ereignisse punktuell wahr, ohne sie räumlich oder zeitlich zu verbinden: Er kennt noch kein Raum- oder Zeitgefühl. Die Welt ist für ihn ein Feld fremder Kräfte, die ihn faszinieren, aber auch bedrohen. Durch Beschwörungen und Zauberei versucht er sie zu beeinflussen.

- Das mythische Bewusstsein: Die Naturkräfte werden jetzt personalisiert wahrgenommen. Es entsteht eine

Welt von Göttern, die nach den Mustern der menschlichen Seele gestaltet sind. Sie werden in mythischen Erzählungen beschrieben. Diese erklären die Welt und halten die Gesellschaft zusammen. Das Leben wird bewältigt durch Gehorsam dem Willen der Götter, später Gottes gegenüber.

- Das mentale Bewusstsein: Der Mensch erwirbt die Fähigkeit, zwischen Mythos und Wirklichkeit zu unterscheiden. In verschiedenen Kulturen entstehen (um 600 vor Christus) philosophische und religiöse Systeme, die sich vom Mythos abgrenzen (griechische Philosophie, jüdische Propheten, Buddha, Laotse). Immer noch dominiert das Mythische in der Religion; doch fortan arbeiten die Kulturen daran, das Mythische mit der Vernunft zu versöhnen.

  Um 1500 nach Chr. erfährt die mentale Struktur zumindest in unsern Kulturen eine Verschärfung. Das Rationale wird zum einzigen Kriterium der Wahrheit. Es entsteht die „Moderne".

- Das integrale Bewusstsein: Es zeichnet sich ab, dass das mental-rationale Zeitalter zu Ende geht und sich etwas Neues entwickelt: das integrale Bewusstsein. Kennzeichen dieser Ebene ist eine ganzheitliche Welterfassung. Die Welt wird "a-perspektivisch" wahrgenommen. Wie dieses Bewusstsein aussieht, wird sich nach Gebser erst noch weisen.

Ken Wilber

Jahrzehnte später führte der US-amerikanische Autor Ken Wilber (geb. 1949) das Konzept weiter und trug wesentlich zu seiner Verbreitung bei. Für unser Thema ist seine Auseinandersetzung mit der Postmoderne besonders interessant. Die hatte ja Gebser noch nicht gekannt.

Wilber wehrt sich gegen die Auflösung der Werte in der Postmoderne (siehe dazu die Ausführungen im zweiten Teil dieser Schrift). Er prangert sie als Beliebigkeit an. Und er kämpft erbittert gegen eine „grüne" Bewegung in der USA, die in seiner Sicht aus der Moderne zurückkehren will in vorrationale Konzepte wie Schamanismus, Naturverehrung und andere. Er will nicht hinter die Postmoderne zurück.

Für Wilber ist die Postmoderne ein vorübergehendes Phänomen. Er erwartet eine „Postpostmoderne". Die Postmoderne habe zwar das Verdienst, die erstarrte Moderne erschüttert zu haben. Doch die Entwicklung müsse darüber hinausgehen.

Wilber will die „Beliebigkeit" aufheben, indem er die Spiritualität ins Weltbild einbezieht. Einerseits beruft er sich dabei auf die sogenannte „philosophia perennis". In umfangreichen Tabellen zeigt er auf, dass die grossen Philosophen, Wissenschaftler und Mystiker aller Kulturen und Jahrhunderte entsprechend den Bewusstseinsstufen Gebsers gemeinsamen Grundgedanken folgen. Sie würden über alle einzelnen Auffassungen hinaus zeitübergreifende spirituelle Strukturen und Werte aufzeigen. Das ermögliche eine Synthese zwischen Wissenschaft, Philosophie und Religion und begründe so wieder eine feste weltanschauliche Basis.

Zudem entwickelte er eine Philosophie, die er „Theorie von allem" nennt (a theory of everything). Sie könne allen Phänomenen der Welt zugrunde gelegt werden. Zu diesem Anspruch können Fragezeichen angebracht werden, doch sein Beitrag zur Erweiterung und Verbreitung des integralen Ansatzes ist von Bedeutung.

Spiral Dynamics

In den USA entwickelten Clare W. Graves und Don Beck das Konzept weiter. Sie bezogen sich dabei auch auf neuere Studien über die Entwicklung des Menschen. Sie unterschieden sechs „Mems" (Bewusstseinsinhalte, die kulturell weitergegeben werden, so wie die Gene es biologisch tun):

– Stammesbewusstsein (purpurnes Mem)
– Kriegerbewusstsein (rotes Mem)

- Traditionelles Bewusstsein (blaues Mem)
- Modernes Bewusstsein (oranges Mem)
- Postmodernes Bewusstsein (grünes Mem)
- Integrales Bewusstsein (gelbes Mem)
- Summative Intelligenz (türkis, die jetzt sich entwickelnde Fähigkeit, weltweit zusammenzuarbeiten, um die globalen Probleme zu lösen)

Diese Entwicklungsschritte sind nach Ansicht der Spiral Dynamic messbar. Es wird erwartet, dass bald einmal die kritische Masse von vorwiegend integral denkenden Menschen erreicht wird und dann integrales Denken und Handeln vorherrschen wird.

Anhang B: Anmerkungen

[1] Millenium Entwicklungsziele. UNO Bericht 2015

[2] UNO-Resolution der Generalversammlung vom 25. September 2015

[3] Guido Mingels: *Früher war alles schlechter*. Spiegel Buchverlag 2018

[4] *„Denn ich habe Lust an der Liebe, und nicht am Opfer, und an der Erkenntnis Gottes, und nicht am Brandopfer."* Hosea 6,6

[5] Club of Rome: *Die Grenzen des Wachstums*. 1972

[6] Naturwissenschaft legt zu Beginn fest, dass sie nur Phänomene studiert, welche mit Sinnesorganen oder Geräten wahrgenommen und mit mathematisch-logischen Prozessen davon abgeleitet werden können. Subjektive Erfahrungen, Gefühle und Bedürfnisse des forschenden oder erforschten Menschen müssen draussen bleiben. Das ist gut so. Mit dieser Begrenzung gewährleistet die Wissenschaft ihre Exaktheit. Aber es ist abwegig zu behaupten, die ausgegrenzten Phänomene würden nicht existieren.

Damit eine Erkenntnis als wissenschaftlich gelten kann, muss sie überprüfbar sein. Der Vorgang, der einer neuen Erkenntnis zugrunde lag, muss jederzeit wiederholt werden können und zum gleichen Resultat führen. Das grenzt aber Wirklichkeit aus, nämlich alle Phänomene, die sich nicht wiederholen. So zum Beispiel eine tiefgreifende geistige Erfahrung, welche für das Leben der betroffenen Person ausschlaggebend wurde. Es ist legitim, wenn die Wissenschaft davon absieht. Es ist übergriffig, wenn sie es leugnet.

Das alles wirkt sich aus im politischen Handeln. Ein rein

rationales Menschenbild macht den Menschen zu einem Computer. Und erst noch zu einem, der angesichts intelligenterer Computer bald nichts mehr zu sagen haben wird. Ein reines Zweck- und Nützlichkeitsdenken führt heute auch zu einer masslosen Dominanz der Wirtschaft über die Dimensionen des Menschseins.

[7] Jean Gebser (1905 – 1973), Schweizer Philosoph und Bewusstseinsforscher

[8] Das Komplementaritätsprinzip ist Teil der Quantenphysik und besagt, dass widersprüchliche Beschreibungen sich nicht ausschliessen.

[9] Jean Gebser (1905 – 1973) prägte für das neu entstehende Bewusstsein das Wort „integral". Siehe dazu auch Anhang A.

[10] Die Gedankenwelt der Achtundsechziger formulierte sich im viel gelesenen „Roten Büchlein" von Mao Tse-Tung: *Worte des Vorsitzenden Mao Tse-Tung*. Neuausgabe Neuer Weg Mediengruppe 1993

[11] Unter Postmoderne versteht man eine Bewegung der Siebziger- und Achtzigerjahre, die sich von der vorausgehenden Zeit abgrenzte und viele Schichten des Gesellschaftslebens umfasste: Architektur, Philosophie, Literatur, Kunst, Politik. Sie wehrt sich gegen Allgemeinbegriffe und festgefahrene Konzepte und sucht Befreiung durch Öffnung für die Vielfalt.

[12] Passagenverlag 2015. Originaltitel: *La condition postmoderne*.

[13] Zur ganzen Thematik der postmodernen Philosophie empfiehlt sich Wolfgang Welsch: *Vernunft. Die zeitgenössische Vernunftkritik und das Konzept der transversalen Vernunft*. Suhrkamp Verlag 1996

[14] Damit hat sich vor allem auch Ken Wilber auseinandergesetzt (siehe dazu Anhang A).

[15] Wenn mir die Zeit bleibt, denke ich dies in einer späteren Schrift weiter auszuführen.

[15] Immanuel Kant: *Kritik der praktischen Vernunft*. Werke, Band drei. Wentworth Pr 2018

[16] Jürgen Habermas (geb. 1929) sieht eine Lösung des Wahrheitsproblems im Diskurs. Dargestellt in Jürg Habermas: *Theorie des kommunikativen Handelns*. Suhrkamp 1995

[18] Zur Gemeinwohlökonomie: www.ecogood.org

[19] Dazu siehe auch Anmerkung 6

[20] Genesis 1,28. Der ganze Text lautet: *„Seid fruchtbar und mehrt euch und füllt die Erde und macht sie euch untertan und herrscht über die Fische im Meer und über die Vögel unter dem Himmel und über alles Getier, das auf Erden kriecht."* (*Übersetzung Lutherbibel 1912*)

[21] Die schweizerische Partei und Bewegung „Integrale Politik" (IP) besteht seit 2011 und will integrales Gedankengut in die Politik einbringen.

[22] Information aus einem Interview mit dem ehemaligen Schachweltmeister Garri Kasparow im Thuner Tagblatt vom 31.1.2019

[23] Eine gute Darstellung findet sich in Gerhard Willke: *Kapitalismus*. Campus Verlag 2006

[24] Davon sind wir weit entfernt. Haben steht oft vor Lebensqualität. Die Konsumlust wird vor allem in der Zeit vor Weihnachten auf üble Weise demonstriert. Es scheint, dass das kompetitive Wirtschaftsmodell sich auch in der Lebenseinstellung ausgewirkt hat.

[25] Die Berichte des Intergovernmental Panel on Climate Change (IPCC) können auf deutsch heruntergeladen werden unter https:// www.de-ipcc.de/256. php

[26] So 2019 eine Studie der Universität Bern, welche die Klimageschichte der letzten 2000 Jahre in die Forschung einbezogen hat.

[27] Zusammenfassender Report des IPPC zum Klimawechsel 2014

[28] Wissenschaftlicher Beirat der Bundesregierung, *Globale Umweltveränderungen: Die Zukunft der Meere – zu warm, zu hoch, zu sauer.* Sondergutachten, Berlin (2006)

[29] Die Charta der Vereinten Nationen und das Statut des Internationalen Gerichtshofs, hrsg. Hartmut Krüger, Philip Reclam jun., 1986

[30] Wir-Bank: www.wir.ch
EulachTaler: www.eulachtaler.ch
NetzBon: netzbon.ch
Le Farinet: www.lefarinet.ch
Chiemgauer: www.chiemgauer.info

[31] https://www.kalkbreite.net

[32] Die Internetplattform „Gründerküche" beschreibt die Initiative wie folgt: „Sozialunternehmer sehen vor allem in ökologischen und sozialen Innovationen die Chance, die Gesellschaft durch unternehmerisches Handeln lebenswerter zu machen d.h. wachsen an Fähigkeiten, reicher werden an Vielfalt, Gemeinschaft und Gerechtigkeit." https://www.gruenderkueche.de/fachartikel/die-social-entrepreneurship-szene-in-deutschland-teil-1-startups-unternehmen-und-events/

[33] Internet-Diskussionsforum. https://politikforen. net

[34] https://wecollect.ch

[35] Campax. Kampagnenorganisation mit Sitz in Zürich. https:// www.campax.org/de/

[36] Plattform für Bürgerinitiativen, Petitionen und Kam-

pagnen. https://www.openpetition.de

[37] Weltweites Kampagnen-Netzwerk.
https://avaaz.org/page/de/

[38] https://secure.avaaz.org/page/de/about/

[39] Neben dem bekannten Wikipedia gibt es:
- wikinews (offener Journalismus)
- wiktionary (Lexikon)
- wikiquote (Zitate)
- wikidata (Wissensdatenbank)
- wikisource (urheberrechtsfreie Texte und Quellen) und andere.

[40] https://www.ub.tu-berlin.de/publizieren/open-access

[41] https://www.blockchain.com/de

[42] The Guardian, 4.12.2018

[43] Peter Rosegger beschrieb seine erste Reise im „Dampfwagen" eindrücklich in: *Als ich noch ein Bergbauernbub war.* Hofenberg Verlag 1902. Der Text ist auch zu finden unter: http:// members.nanet.at/irout/dampfwagen. html

[44] Dazu vergleiche das „Wertequadrat" nach Schulz von Thun. In Friedemann Schulz von Thun: *Miteinander reden, Teil 2.* Rororo Verlag 1989.

[45] Erich Scheurmann, *Der Papalagi.* Oesch Verlag 2013. Das Wort wird „Papalangi" ausgesprochen.

[46] Zum Thema siehe den Begriff „Wirtschaftsdemokratie" in Wikipedia.

Schweizerisches Bundesamt für Landwirtschaft: *Auswirkungen des Klimawandels für die Landwirtschaft* vom 27.7.2016

[48] Repräsentative Umfrage des Marktforschungsunternehmens DemoSCOPE im Auftrag von Swissveg im Jahr 2017

[49] In der Schweiz wurde 2016 über ein bedingungsloses Grundeinkommen abgestimmt. Jeder Bürger, jede Bürgerin sollte 2500 Franken bekommen. Die Initiative wurde mit 74,9% der Stimmen abgelehnt. In Deutschland, Finnland, Italien und andern Ländern wird über ein Grundeinkommen diskutiert oder bereits experimentiert.

[50] Diese Fakten sind gut dokumentiert in: Jean Ziegler, *Ändere die Welt*. Bertelsmann Verlag 2014.

[51] http://www.ag-friedensforschung.de/regionen/USA/obama-rede-kairo.html

Zeitfracht Medien GmbH
Ferdinand-Jühlke-Straße 7
99095 Erfurt, Deutschland
produktsicherheit@kolibri360.de